¡Sssssshhhhhhhhhh!

Haz del teatro algo íntimo

Llévalo siempre en el bolsillo

Cubierta y diseño editorial: Éride, Diseño Gráfico
Dirección editorial: ángel jiménez

Primera edición: mayo, 2025

Inestables/La herencia de los Miller
© Carlos Zamarriego
© VdB, 2025
Espronceda, 5
28003 Madrid

VdB®

ISBN: 978-84-19850-93-5
Depósito Legal: M-3579-2025
Diseño y preimpresión: Éride, Diseño Gráfico

Este libro protege el entorno

inestables

la herencia de los Miller

Carlos Zamarriego

Autor y director madrileño (1983) de varias obras estrenadas en el off madrileño como *Cuida de la familia* (2016, La infinito) o *El Escritor* (2016, La Nao 8). En 2017 estuvo tres meses en cartel en Madrid en la sala La Nao 8 con *Anoche soñé que me soñabas*. En enero de 2019 estrena su obra *Inestables* en los Teatros Luchana. Con esa obra es seleccionado por Factoría Echegaray, la productora del Teatro Echegaray de Málaga, donde se estrenó en junio de 2019. En febrero de 2019 estrena *Mantequilla* (con dirección de Edgar Costas) en Teatro Sala Mirador de Madrid, teniendo una segunda etapa en el OFF de La Latina en octubre y en enero de 2020 en el Festival de Teatro de Málaga. Repite en el Echegaray en mayo de 2020 con *La Mano*, dentro del ciclo «Factoría Fenix». Ese mismo año escribe y estrena la pieza *Los últimos*, con dirección de Fran Perea, para el Teatro de la Abadía. En 2021 estrena *La herencia de los Miller* en los Teatros Luchana y en 2022 adapta y dirige la primera obra estrenada en España del autor italiano Mattia Torre: *Mejor*, en el Teatro Nueve Norte. En 2025 su última obra, *Al final no voy a cenar*, hará una tercera temporada en el Teatro Lara de Madrid.

CARLOS ZAMARRIEGO

inestables

Esta obra se estrenó en los Teatros Luchana de Madrid,
el 14 de enero de 2018, interpretada por Blanca Jara (NOELIA Carvajal),
Edgar Costa (GUSTAVO Demir) y Manuel de Blas (LA VOZ).
Dirección: Carlos Zamarriego.

Seleccionada por la productora Factoría Echegaray,
se reestrenó el 11 de junio de 2019 en el Teatro Echegaray de Málaga
interpretada por Marina Sánchez Vílchez (NOELIA Carvajal),
Juan Antonio Hidalgo (GUSTAVO Demir) y Manuel de Blas (LA VOZ).
Dirección: Carlos Zamarriego.

Personajes

Noelia

Gustavo

La Voz

Propuesta escénica.

Toda la obra transcurre en el salón de un apartamento lujosamente amueblado durante un fin de semana. Por tanto, tendrá los elementos que se indican al principio de la obra y que no son especialmente costosos o difíciles de conseguir: un sofá, una mesa, un mini bar, la recreación de una cocina americana… Sin embargo, esta obra trata de exponer las luces y las sombras de sus protagonistas, y así me gustaría reflejarlo en la propuesta escénica, con visuales que amplifiquen los pensamientos y miedos a través de sombras. De esta manera, también me gustaría convertir la obra en una experiencia al estilo de las películas del expresionismo alemán y del cine negro. Algo que podrá verse especialmente cuando hable «La Voz», y la realidad se deforme al tiempo que él juega con sus invitados. Otros elementos acentuarán el carácter simbólico de la obra, como por ejemplo dos cuerdas de las que colgarán las perchas donde los personajes dejan los abrigos, y que a través de las luces nos podrá parecer que son dos personas ahorcadas. Una soga en el cuello que poco a poco irán sintiendo Gustavo y Noelia hasta el desenlace final.

inestables

Acto I

Nos encontramos en una amplia sala de estar con cocina americana. Es una casa muy recogida, con una gran chimenea. Todos los muebles son de madera, al estilo de las casas rurales que se encuentran a los pies de una estación de esquí. En el centro, un gran sofá, con su mesita baja, y al fondo dos puertas. Entra una chica muy guapa, de unos cuarenta y pocos que por supuesto no aparenta, vestida impecable con una falda muy elegante y una camisa blanca. Arrastra una enorme maleta con ruedas hasta el centro de la habitación, la deja allí y sin moverse echa un vistazo a la estancia. En seguida le suena el móvil. Ella contesta, y habla mientras anda por la casa mirándolo todo.

NOELIA   Sí, ya he llegado. Todo bien. ¿Qué tal en casa de papá? Sí… bueno… sí… pero ten cuidado… sí… Yo no llegaré hasta el lunes, ya te dije que era un fin de semana de trabajo… Bueno, pues ya iré al siguiente partido, si juegas un montón, será por partidos… ya, justo este es importantísimo... ¡Lo mismo dijiste del anterior! ¿Cómo? Vale, sí, es verdad, tampoco fui al anterior, pero cariño, es trabajo. No puedo faltar al trabajo. ¿Lo entiendes? No, no lo entiendes… Oye, te compraré un cómic, ¿te parece? Uno de esos superhéroes que te gustan… Bueno, pues nada… mira, pásame con papá, ¿vale? *(Mientras espera, abre el frigorífico, que está lleno, y saca un tetrabrik de zumo de naranja. Después, mientras habla, cogerá un vaso y se servirá. Cuando habla con el exmarido se le enfría la voz.)* Hola. ¿Algún problema? Joder, sí, sé que nuestro hijo no es un problema, es una forma de hablar… ¿Cómo? Mira, mira… no empecemos ahora, ¿quieres? He tenido un viaje muy largo… Sí, es un viaje de trabajo, no te preocupes que yo aún no tengo un amante en cada puerto como tú… ¿Que exagero? ¿Quieres que te recuerde por qué nos separamos? Vale, vale… Oye, no quería discutir. Es verdad. Sé que últimamente trabajo demasiado, pero tú ya sabes cómo es esto. Y este fin de semana puede ser el más importante de mi vida… No solo es un ascenso, es llegar al club del millón… Sí, algo así. Es política de la empresa que a los candidatos a directivo los evalúe otro directivo… sí, tal cual. En fin, oye, pasadlo bien. Os voy contando, ¿vale? ¡Ah! Y oye… no lleves a casa a ninguno de tus ligues… No bromeo… Ya, ya… Chao.

(Cuelga. NOELIA se recuesta en el sofá mientras apura el zumo. Luego mira la hora, se levanta, y lleva su equipaje a la habitación de la izquierda. Se oye el ruido del agua. Entra GUSTAVO, un hombre rozando los cincuenta con un traje

carísimo, hablando por teléfono. Solo lleva un maletín de piel, como si llegará de trabajar. Al entrar, se quita los zapatos lanzándolos al aire.)

GUSTAVO   Sí, sí... he llamado antes... Sí, efectivamente, de esa empresa. Os pedí una chica para la dirección... sí, exacto... ¿Ha salido ya? Vale, vale, yo acabo de llegar, así que perfecto. Muchas gracias. (*Cuelga.* GUSTAVO *deja el maletín en el sofá y se dirige, muy ufano, al mueble bar a servirse una copa. Es entonces cuando oye la ducha. Se acerca a la puerta, se asoma y vuelve corriendo al mueble bar, excitado.)* Coño... ¡qué rapidez! (*Se sirve la copa y se la bebe de un trago.)* Esto para estar a tope. (*Mientras se sirve otro trago se deja de oír el ruido de la ducha, lo que excita aún más a* GUSTAVO, *que se quita la chaqueta y la tira al sofá. Se mira al espejo para repeinarse y se sienta a esperar.* NOELIA *sale de la habitación cubierta solo con una toalla. Se dirige al frigorífico y saca el zumo. Al ir a por el vaso, que dejó en la mesa del sofá, se encuentra de bruces con* GUSTAVO. *Ella se queda paralizada y él está encantado.)* Vaya belleza... Los de la agencia se superan cada vez más.

NOELIA   ¿Perdone?

GUSTAVO   Venga, no te hagas la estrecha conmigo...

(*Avanza hacia ella.* NOELIA *se gira, acobardada.)*

NOELIA   Creo que hay una equivocación. Yo...

(GUSTAVO *le da una palmada en el culo.*)

GUSTAVO ¡Así me gustan los culos! ¡Bien prietos y respingones!

NOELIA (*Le da una bofetada y se aleja.*) ¡Oiga! ¿Qué coño está haciendo? ¿Quién es usted? Váyase inmediatamente.

GUSTAVO (*Sin comprender.*) ¿Cómo...? ¿Que me vaya yo? No, puta, no. Este apartamento lo paga mi empresa.

NOELIA ¿Es usted el señor Demir?

GUSTAVO (*Con amabilidad de nuevo, acercándose a ella.*) Gustavo Demir, para más señas. Ya se lo dije a la agencia. Soy cliente vuestro desde hace años, no tienes nada que temer. Quizás he sido un poco brusco antes, pero va a llegar un compañero en unas horas y no tenemos mucho tiempo.

NOELIA Compañera...

GUSTAVO (*Sin escuchar, la mira lascivamente.*) ¿Decía?

NOELIA Compañera... Usted está esperando a una compañera. Y ya ha llegado. Soy yo.

GUSTAVO ¿Cómo dice? No, pero... Yo esperaba a... (*Saca un papel del bolsillo.*) Carvajo... Carvajal... al señor Carvajal.

NOELIA	Señorita Carvajal, Noelia Carvajal.
GUSTAVO	Vaya... (*Se ríe.*) Qué cagada..., ¿no? Confundirla con una... (*Intenta parar de reír ante la cara de circunstancias de* NOELIA.) Pero bueno... ¿no me dirá que se ha molestado?
NOELIA	Un poco... sí.

(*Se hace un silencio.*)

GUSTAVO	Entonces, ¿es usted la que aspira al puesto de directivo?
NOELIA	Sí, así es.
GUSTAVO	Pues entonces olvidemos este incidente... aunque lo del culo lo decía en serio.
NOELIA	Creo que será mejor que me vista.

(*Se da la vuelta y se dirige a la habitación.*)

GUSTAVO	Espere... espere.... ¡Espere! (NOELIA *se para.*) No es necesario que esté incómoda. No voy a negar que lo que ha visto pues... sí, ha pasado. En nuestra empresa y a nuestro nivel se viaja mucho y se está muy solo. De vez en cuando contratamos este tipo de servicios... No estoy orgulloso.
NOELIA	No lo voy a juzgar, señor Demir. Para mí esto es solo un fin de semana de trabajo.

13

GUSTAVO   Por favor, llámeme Gustavo… ¿Puedo tutear-
          la? (NOELIA *asiente.*) Mira, voy a bajar a por
          tabaco y de paso a anular… bueno, ya sabes…
          Y así te dejo acomodarte, ¿de acuerdo? (*Mien-
          tras habla busca los zapatos que ha tirado al en-
          trar y se los pone.*) Y cuando vuelva revisamos
          un poco el plan de este fin de semana. ¿Subo
          algo para cenar?

NOELIA   La nevera está llena.

GUSTAVO   Vale pues tabaco y ya está. ¿Te importa qué
          fume? (*Sin dejar que conteste.*) Claro que no.
          Aún podemos ser amigos, ya lo verás

          (*Sale.* NOELIA *se queda sola, un poco abrumada
          por los acontecimientos. Se sirve otro vaso de
          zumo. Es entonces cuando se hace presente* LA
          VOZ, *siempre en off, como si saliese de la nada.
          El vaso se le escurre de las manos, chocando con-
          tra el suelo.*)

LA VOZ   Señorita Carvajal.

NOELIA   (*Asustada, mira hacia arriba.*) ¿Quién… quién
          es? ¿Quién anda ahí?

LA VOZ   No se asuste. Esto forma parte del proceso de
          selección para directivos de la compañía. Nos
          agrada saber que ya ha conocido al señor De-
          mir. ¿Qué impresión le ha causado?

NOELIA   Ustedes…, ¿ustedes nos están vigilando?

LA VOZ	Al nivel al que usted quiere llegar, señorita Carvajal, todos somos como una familia. Y entenderá que en una familia no podemos tener secretos, ¿verdad? Pero no se preocupe, no hay ninguna cámara en su cuarto de baño.
NOELIA	No sé si esto es legal.
LA VOZ	¿Legal? Ustedes están en un apartamento pagado por la compañía para trabajar. ¿Qué hay de malo en que vigilemos nuestros intereses?
NOELIA	Ya, pero...
LA VOZ	¿Quiere ganar un millón al año, señorita Carvajal?
NOELIA	(*Después de reflexionar, con decisión.*) Sí, claro que quiero.
LA VOZ	Hay muy poca gente que pueda optar a ese sueldo... y al estatus que conlleva. No se engañe. No hay una manera más fácil de llegar a él.
NOELIA	Me esforzaré al máximo. Estoy seguro que la evaluación que haga el señor Demir sobre mí será suficiente. Confíen en mí. Llevo años preparándome para esta oportunidad, tengo todas las cualidades que hacen falta, trabajaré mucho...
LA VOZ	Tendrá que matar al señor Demir.

(*Silencio.* NOELIA *asimila lo que acaba de oír. De pronto rompe a reír a carcajadas.*)

NOELIA   Es... es una broma, ¿no? Me están gastando una broma...

LA VOZ   Ya le he dicho que no hay un camino fácil para llegar a la cima. Y en esa cima, desgraciadamente, no caben todos. Hay un cupo de directivos y para formar parte de ese grupo alguien tiene que renunciar. Como comprenderá, nadie renuncia a un millón al año. El señor Demir se ha vuelto... digámoslo así... muy inestable...

NOELIA   ¡Despídanlo!

LA VOZ   La indemnización sería demasiado costosa. Y nuestra imagen quedaría en entredicho. No hay otra solución. Si quiere su puesto tendrá que matarlo.

NOELIA   ¿Estáis locos? ¡No soy una asesina! ¡No lo pienso hacer!

LA VOZ   Esperábamos esa reacción. Si hubiera aceptado de inmediato habría perdido la oportunidad. No queremos asesinos o psicópatas en nuestra organización.

NOELIA   (*Aliviada.*) Entonces... esto solo ha sido una prueba... Menos mal... Pensaba que era real...

LA VOZ   Y lo es. No queremos asesinos, queremos gente práctica, ambiciosa y sobre todo que ponga a la empresa por encima de sus valores morales. La moral es un lastre para los negocios. Si quiere ser directiva tendrá que matar al señor Demir.

NOELIA   (*Desesperada.*) No, no, no... ¿Cómo voy a hacerlo?

LA VOZ   Eso se lo dejamos a usted. Demuéstrenos iniciativa, demuéstrenos imaginación, demuéstrenos que sabe solucionar problemas. Una vez muerto, nosotros nos ocuparemos del cadáver y usted no tendrá que saber nada más sobre este asunto. Dispondrá de su nuevo cargo el lunes a primera hora.

NOELIA   ¿Quiere dejar de decir eso? ¡No voy a matar a nadie por un maldito ascenso!

LA VOZ   No esperamos que se dé cuenta ahora de la increíble oferta que le estamos ofreciendo. Tiene todo el fin de semana. Si salen los dos caminando del apartamento el domingo por la tarde usted habrá perdido cualquier oportunidad de progresar en nuestra compañía. Igualmente le advierto que no intente comentar esto a nadie, no solo no la creerían, sino que se convertiría en un obstáculo tan molesto como el propio señor Demir. Lo entiende, ¿verdad, señorita Carvajal?

NOELIA   Sí, lo entiendo…

LA VOZ   Entonces me despido. Esperamos que pase un productivo fin de semana.

                (NOELIA, *se queda paralizada, sin saber donde mirar. Entra* GUSTAVO *fumando.*)

GUSTAVO   ¡Ya estoy aquí! ¿Aún no te has vestido? (*Ve el vaso tirado en el suelo, y mientras pregunta lo recoge.*) ¿Qué ha pasado? ¿Estás bien?

NOELIA   (*Sale del trance.*) ¿Cómo?

GUSTAVO   ¿Llevas así desde que me he ido?

NOELIA   No, no, es que…

GUSTAVO   Vaya, creo que alguien necesita una copa.

NOELIA   Es verdad.

                (NOELIA *se acerca al minibar y se sirve una copa que apura de un trago, dejando estupefacto a* GUSTAVO.)

GUSTAVO   ¡Wow! Así me gusta… ¡una verdadera tigresa! Nos vamos a llevar muy pero que muy bien… Espera que te acompaño.

NOELIA   ¡No! (GUSTAVO *la mira con extrañeza.*) No… Estoy muy cansada. ¿Le importa que empecemos a trabajar mañana?

GUSTAVO   Pero mujer, si la noche acaba de empezar...
           ¿No prefieres tomarte otra copita y así habla-
           mos un poco?

NOELIA   Lo que prefiero es irme a la cama. Buenas no-
           ches.

           (NOELIA *desaparece por la puerta de su habita-*
           ción. GUSTAVO *se sirve otra copa y se sienta en*
           el sofá, donde aún tiene el maletín. Lo abre y
           saca una bolsa de cocaína. Se prepara una raya
           mientras marca un número de teléfono.)

GUSTAVO   (*Hablando bajo.*) ¡Hola! Soy Gustavo Demir...
           Sí, el de antes... Me gustaría que volviera la
           chica.... Sí, sí, la misma chica (*Se mete la raya*
           de cocaína.) ¿Cómo? ¿En otro servicio? Pues
           tráigame otra parecida, joder, si siempre de-
           cís que tenéis a montones... Eso es... Una cosa
           importante: que no toque el timbre... Sí, cuan-
           do llegue que me llame a este número. Y le di-
           ces que esta noche tiene que ser discreta, nada
           de fingir orgasmos como una soprano... Bien,
           ¿la tarifa de siempre, no? Sí, vale, vale. Si la
           chica se porta bien la daré una buena propi-
           na... Tío, gano un millón al año, podría com-
           prar a tu madre, pero quiero lo mejor. De acuer-
           do, la espero.

           (*Cuelga.* GUSTAVO *se prepara otra raya mien-*
           tras la luz se apaga y termina el primer acto.)

Acto II

Misma habitación, pero iluminada por la luz que entra por las ventanas. Hay un desorden manifiesto: por el suelo y entre los muebles hay botellas, ropa y colillas. En la mesa sigue la bolsa de cocaína. GUSTAVO *duerme en calzoncillos de cualquier manera en el sofá. Sale* NOELIA *de su dormitorio con unos leggins y un bonito jersey blanco. Avanza hacia la cocina hasta que se percata del caos y lo sigue hasta el sofá.*

NOELIA   Pero... ¿qué coño ha pasado aquí?

GUSTAVO   (*Se mueve perezosamente en el sofá, entre despierto y dormido.*) Sofía... ven, un poquito más... anda... te pago el doble...

NOELIA   (*Sin poder creerlo.*) ¿Qué?

GUSTAVO   (*Despertando.*) ¿Cómo? Anda, tú no eres Sofía...

NOELIA   No, soy Noelia Carvajal, ¿se acuerda? Su compañera de trabajo.

GUSTAVO   (*Se sienta.*) Noelia... vaya nombre más bonito. ¿No había una canción? (*Tararea una música inventada.*) Noelia… Noelia… (*Se rasca la cabeza.*) ¿Dónde estará Sofía?

NOELIA   (*Coge con asco unas bragas de mujer del suelo.*) Mire señor Demir…

GUSTAVO   Puedes llamarme Gustavo.

NOELIA   (*Enfadada.*) Señor Demir, creo que tenemos que poner unas normas si vamos a compartir apartamento durante todo el fin de semana.

GUSTAVO   (*Mientras se prepara una raya.*) Te escucho.

NOELIA   (*Alucinada.*) Pero… ¿Está loco? ¿Qué coño hace?

GUSTAVO   (*Aún resacoso.*) Joder, pues regalarme un pequeño subidón para enterarme bien de las normas esas… (*Se mete la raya.*) ¿Te animas?

NOELIA   Esto es increíble. Me marcho.

GUSTAVO   (*De repente se enfada.*) ¿Dónde crees que vas?

NOELIA   A informar de que no está en condiciones de…

GUSTAVO   (*Colérico.*) ¿De qué? ¿De qué no estoy en condiciones? Te recuerdo que yo soy tu superior y soy yo quien tiene que evaluarte a ti, y no al revés. (*Se produce un silencio muy incómodo. GUSTAVO intenta rebajar la tensión.*) Siéntate, por favor. (NOELIA *duda, pero al final se sienta*

*al otro extremo del sofá con los brazos cruza-
dos.* GUSTAVO *mete la droga en el maletín y lo
deja entreabierto en la mesa.* NOELIA *no lo mira.*)
Ayer te fuiste a dormir, no quisiste ni tomar
una copa conmigo... ¿Qué podía hacer? Me
sentía solo.

NOELIA   Claro, ahora es mi culpa que llamara a una
prostituta.

GUSTAVO   ¿Y qué más te da? Te juro que intentamos hacer el menor ruido posible... ¿No oíste nada?

NOELIA   Siempre duermo con tapones en los oídos.

GUSTAVO   ¡Ah! Mejor, mucho mejor...

NOELIA   Mire, yo solo quiero comenzar el proceso.

GUSTAVO   (*Haciéndose el serio.*) ¡Y yo! Adoro trabajar.
Pues venga... ¡empecemos!

(*Cruza las piernas y pone actitud de atención
sin darse cuenta de que sigue en calzoncillos.*)

NOELIA   (*Avergonzada ante la visión.*) ¿Le importaría
vestirse?

GUSTAVO   ¡Es verdad! Eres muy observadora... (*Se levanta y va cogiendo ropa del suelo. Se para cuando está agachado y de espaldas a* NOELIA.) ¿Me
estás mirando el culo?

NOELIA No.

GUSTAVO Tú te lo pierdes (*Sigue recogiendo la ropa.*) Creo que voy a vaciar la vejiga. ¡Demasiadas copas!

(*GUSTAVO se va a su dormitorio. NOELIA se tapa la cara con las manos y comienza a mover las piernas nerviosa e incontroladamente. Mira al maletín, luego se vuelve a tapar la cara, pero ha visto algo que le hace volver a mirar el maletín. Se acerca a él, mira hacia la habitación de GUSTAVO para comprobar que no viene, y abre del todo el maletín. Deja escapar un grito ahogado. Mete la mano y saca una pistola.*)

GUSTAVO (*Voz en off.*) ¡Ya estoy!

(*NOELIA esconde el arma y cierra el maletín, muerta de miedo. Entra GUSTAVO, terminando de abrocharse los pantalones. Viste el mismo traje que ayer y lleva el pelo mojado y peinado.*)

GUSTAVO Lo único que me haría más feliz en este momento es un poco de café. (*NOELIA no reacciona a la insinuación hasta que no ve la mirada de GUSTAVO sobre ella. Va a replicar pero prefiere seguirle la corriente. Se va a la cocina a preparar café.*) Mucho mejor… (*Se sienta, abre la maleta y saca una hoja y un bolígrafo.*) Lo primero es lo primero, tengo que rellenar una hoja con los datos básicos. A ver… Nombre sí, apellidos ya está… ¿Estado civil?

NOELIA   (*Disimulando su miedo.*) Divorciada.

GUSTAVO   Mira, como yo. ¿Hijos?

NOELIA   Uno, siete años.

GUSTAVO   ¿Antigüedad en la empresa?

NOELIA   Dieciséis años... Entré como *trainee* y he ido ascendiendo desde entonces.

GUSTAVO   Una mujer hecha así misma que conoce todos los escalones de la compañía. Eso está bien, muy bien... ¿Especialización?

NOELIA   Capital de alto riesgo.

GUSTAVO   (*Le guiña un ojo.*) A mí también me encanta el riesgo... ¿Una frase que la defina?

NOELIA   (*Muy cortante.*) No me gusta correr riesgos.

GUSTAVO   Vaya por Dios... Sigamos. ¿Aptitudes a destacar? Solo tres, por favor.

NOELIA   (*Sin dudar.*) Lealtad, liderazgo, anticipación.

GUSTAVO   ¿Anticipación? ¿A qué?

NOELIA   A los problemas, a las amenazas... (*Se da la vuelta hacia* GUSTAVO.) ¿Por qué lleva un arma en el maletín?

(*Pausa.* GUSTAVO *contesta con indiferencia.*)

GUSTAVO   ¿Está ya el café?

NOELIA   Sí, ya está.

GUSTAVO   ¿Tienes miedo?

NOELIA   No, no lo tengo.

GUSTAVO   ¿Le has puesto leche al café?

NOELIA   A mí me gusta sin leche, bien cargado. Pero no me gustan las armas.

GUSTAVO   Ni a mí, pero la necesito... por seguridad. Tampoco me gusta la leche. ¿Me traes el café?

(NOELIA *se acerca con el café.* GUSTAVO *alarga la mano, pero ella lo deja en la mesa. Se sienta en el sofá.*)

NOELIA   ¿Está usted en peligro?

GUSTAVO   ¿Ahora te importa mi seguridad?

NOELIA   No, me importa la mía. Y si estar cerca de usted es peligroso al menos quiero saberlo.

GUSTAVO   Claro... no te gusta correr riesgos. Pero... ¿se puede ganar sin arriesgarse? ¿Crees que puedes ganar un millón al año sin jugar un poco a los dados?

NOELIA   Sí, lo creo. No hubiera venido aquí si hubiera dejado algo, aunque sea un porcentaje pequeño, al azar. No confío en la suerte, señor Demir..., confío en mí misma.

GUSTAVO   ¿Y ahora? Después de conocerme... ¿crees que sigues dependiendo de ti misma?

            (NOELIA *aparta la mirada. En su mente aparece, por primera vez y como un relámpago, la opción de matarlo.*)

NOELIA   No me ha contestado. ¿A qué tiene miedo?

GUSTAVO   No te he dicho que tenga miedo a nada. Pero uno no llega hasta aquí sin ganarse enemigos.

NOELIA   Yo no tengo enemigos.

GUSTAVO   Entonces puede que no te merezcas el puesto.

NOELIA   ¿Usted se merece el suyo?

GUSTAVO   (*Se ríe.*) Tienes razón. Lo importante no es lo que mereces, sino lo que consigues. (*Se levanta y pasea por la habitación mientras se enciende un cigarrillo.*) Yo, por ejemplo, siempre consigo todo lo que quiero.

NOELIA   ¿Aunque no lo merezca?

GUSTAVO   Aunque no lo merezca... ¡Me gusta esto! Se me está ocurriendo una cosa. Juguemos a verdad o reto… ¿Conoces ese juego? Cada uno formula una pregunta sobre lo que merece o no el otro, y solo podemos contestar la verdad o… hacer lo que el otro le pida (*Emocionado.*) ¡Sí, sí, juguemos!

NOELIA   ¿Y para qué serviría jugar a eso?

GUSTAVO   Para que yo evalúe tu sinceridad, para que sepa hasta dónde eres capaz de llegar, y sobre todo… ¡porque es divertido! Venga, yo también responderé a tus preguntas. Pero empiezo yo… a ver… Sí, lo tengo… Empecemos con algo fácil. ¿Te mereces ganar un millón al año? No, espera, no, es demasiado fácil. Otra… ¿Te mereces que yo juzgue si estás capacitada para ascender?

NOELIA   (*Sin dudar.*) No.

GUSTAVO   (*Excitado.*) Uhhhhh… Así me gusta, sin pelos en la lengua. Pero no vale quedarse en el monosílabo, tienes que explicar el porqué.

NOELIA   He estudiado mucho, he trabajado mucho para que todo lo que quiero en la vida dependa de un…

GUSTAVO   … de un… venga, continúa, verdad o reto.

NOELIA   (*Después de pensarlo un poco, se reprime las ganas.*) De acuerdo… ¿qué reto?

GUSTAVO	No te preocupes, algo facilito. ¡Un beso en la mejilla!
NOELIA	(*Se levanta de golpe.*) Oye, ¿qué es esto? ¿El instituto? No, ya me estoy cansando.
GUSTAVO	¿Me estás diciendo que ya no quieres el millón? (NOELIA *suspira profundamente. Se toma un momento para contestar, aunque no esconde su enfado.*)
NOELIA	De acuerdo, sin trampas, ¿eh? (GUSTAVO *se levanta y enseña las palmas de las manos, como expresando que no tiene nada que esconder.* NOELIA *se acerca para darle un beso, no muy convencida.* GUSTAVO *pone la mejilla, pero cuando* NOELIA *se acerca, gira la cara y le da un beso en los labios mientras con las manos la aprieta contra su cuerpo.* NOELIA *se resiste hasta que consigue zafarse.*) Pero... serás hijo de puta... ¿¡Qué coño estás haciendo!?
GUSTAVO	Hombre... por fin algo de genio, ya pensaba que eras una estatua. ¡Y es la primera vez que me tuteas! Vamos avanzando.
NOELIA	No se te ocurra volver a ponerme las manos encima o...

GUSTAVO	(*Duro, alzando la voz.*) ¡Deja de lloriquear! Tienes dos opciones: o retirarte o jugar. Pero si juegas ya puedes empezar a jugar duro, porque de momento solo he visto a una mojigata que ha preferido besarme antes que decir lo que piensa de mí. ¿No te gustan mis modales? ¿No te gusta que haga trampa? Pues a ver cómo lo haces tú.

(*La mirada de* NOELIA *a* GUSTAVO *es de un odio tan intenso que parece que lo va a partir en dos.* GUSTAVO, *en cambio, está disfrutando. Se sienta con parsimonia mientras apura el cigarrillo.*)

NOELIA	De acuerdo. Me toca.
GUSTAVO	(*Excitado.*) ¡Por fin! Así me gusta. Veamos de lo que estás hecha.
NOELIA	¿Usted cree que merece vivir?
GUSTAVO	(*Un poco sorprendido.*) ¿Vivir? Claro. Me encanta vivir.
NOELIA	No le he preguntando si le encanta, le he preguntado si se lo merece.
GUSTAVO	Sí, me lo merezco. He conocido a muchos hijos de la gran puta que solo por cómo ganan dinero deberían estar cociéndose en el infierno. Y sin embargo aquí están, viviendo la gran vida. ¿Por qué no la iba a merecer yo?

NOELIA	(*Se acerca a él lentamente.*) ¿Está seguro? Acuérdese que tiene que decir la verdad. ¿Qué diría la chica con la que estuvo anoche? ¿Qué dirían todas las prostitutas a las que ha tratado como basura?
GUSTAVO	(*Incómodo.*) Bueno, ganan su dinero...
NOELIA	(*Cada vez más cerca.*) ¿Qué dirían? ¿Le dejarían vivir? ¿Y esa gente de la que usted se protege? Esa gente que le obliga a llevar un arma en el maletín... ¿Qué les ha hecho? ¿Por qué quieren matarlo? ¿Está seguro que merece vivir? (GUSTAVO *baja la cabeza, evitando la mirada de* NOELIA. *No es capaz de contestar. Casi encima de él.*) ¡Conteste! Sea hombre y diga la verdad. ¿Merece seguir respirando?
GUSTAVO	(*Se levanta para escapar de la presión.*) Vale, vale, de acuerdo. Es una respuesta demasiado compleja. (*Recupera el aplomo.*) Pero no tengo que contestarla, elijo reto.

(NOELIA y GUSTAVO *están frente a frente, mirándose.*)

NOELIA	Le reto a que viva durante 24 horas en la más absoluta indefensión.
GUSTAVO	(*Burlándose.*) ¿Sí? ¿Y cómo vas a conseguir eso?

(Noelia *pronuncia su reto muy lentamente.*)

NOELIA   Deme su pistola.

(*La luz se apaga y termina el segundo acto.*)

Acto III

Misma habitación, que ahora tiene una tonalidad anaranjada debido al reflejo del atardecer. Durante la escena el apartamento se irá hundiendo lenta pero inexorablemente en una suave penumbra. El desorden ha desaparecido. Noelia está leyendo en el sofá, sentada de espaldas a la cocina, sujeta un ebook con una mano mientras con la otra sostiene el arma. Gustavo está sentado en un taburete junto a la barra de la cocina, con una pequeña pelota de goma que bota una y otra vez, haciendo un ruido muy repetitivo y molesto.

-bote-

-bote-

-bote-

-bote-

-bote-

-bote-

-bote-

NOELIA   (*Sin poder concentrarse.*) Oye, igual a los vecinos de abajo les molesta la pelotita.

GUSTAVO   (*Se lo piensa un poco como si le importara.*) ¿Tú crees? Ayer me follé a una puta aquí mismo y no dijeron nada. Y llevaba unos tacones de este tamaño que cuando empecé a darle fuerte golpeaban....

NOELIA   ¡Vale! Vale..., lo he entendido.

GUSTAVO   Genial.

(GUSTAVO *sigue botando machaconamente la pelota. De repente, la lanza contra la cabeza de* NOELIA.)

NOELIA   Oye, pero qué...

GUSTAVO   (*Sin esconder la ironía.*) Uy, perdón... se me ha escapado... Es la indefensión, que me juega malas pasadas.

NOELIA   (*Se queda la pelota.*) Pues ya no se va a escapar más... (*Vuelve a intentar concentrarse en la lectura, mientras* GUSTAVO *mira la habitación, aburrido. Se acerca al maletín y saca una baraja de cartas. Después deja el maletín en el suelo, más o menos cerca de donde está* NOELIA, *y comienza a lanzar, carta por carta, intentando acertar dentro del maletín.* NOELIA *recibe alguna carta que otra en el intento.*) Joder, ¿es qué no puede estarse quieto?

GUSTAVO   ¿Te molesto? Si quieres que pare, paro, tu tienes la pistola, no quiero enfadarte.

NOELIA   Vamos a ver. Fue usted quién propuso el estúpido juego ese. Yo solo quería trabajar. ¿Por qué no seguimos con la evaluación?

GUSTAVO   No quiero.

NOELIA   (*Cansada.*) ¿Por qué?

GUSTAVO   (*Con intención.*) Me siento ¡in-de-fen-so! Y yo indefenso no puedo trabajar. Pienso constantemente en lo que me podría pasar.

NOELIA   ¿Y qué le podría pasar? A ver, dígame de una vez a quién tiene miedo.

GUSTAVO   (*Para de jugar y mira a* NOELIA.) Te lo digo si tú me dices por qué no tienes miedo.

NOELIA   ¿Perdona?

GUSTAVO   Lo que has oído. ¿Por qué no tienes miedo? Se supone que depende de mí tu gran ascenso. Por menos que eso he tenido tías chupándomela durante tres días. En cambio tú pareces muy segura de ti misma. ¿Me he perdido algo?

NOELIA   (*Turbada.*) Mira, si se le había pasado por la cabeza tener sexo conmigo, es que no sirve ni para observar, menos aún para evaluarme.

GUSTAVO   Pero lo cierto es que tengo que evaluarte.

NOELIA   Pues empecemos de una vez. Pregunte, haga
su trabajo... pero déjese de tonterías. (GUSTA-
VO *no puede soportar que le hablen así. Se va al
mueble bar a servirse una copa.*) ¿Otra vez a
beber?

GUSTAVO   Sí, otra vez a beber. Otra y las que me quedan.
Otra y otra y otra. Hasta que me quede sin
sentido si me apetece. ¿Qué pasa? ¿Tener un
arma te convierte en una autoridad moral? Si
no sabes ni usarla. ¿Qué harías si ahora mismo irrumpieran aquí para matarme? ¿Qué harías? ¿Cómo me defenderías? (NOELIA *se queda callada, mirando el arma, avergonzada.*) Porque me defenderías, ¿no?

*(Se miran en silencio, intentando conseguir una
respuesta. Pasados unos segundos, GUSTAVO se
sienta en el taburete con la copa en la mano y
vuelve a practicar el lanzamiento de cartas. Suena el móvil de NOELIA. Tiene un mensaje. Lo lee
y le cambia el semblante. Se levanta lentamente.)*

NOELIA   Qué hijo de puta... qué hijo de puta...

GUSTAVO   (*Sin entender.*) ¿Quién, yo?

NOELIA   Mira que se lo dije... que no trajera amigas...
se lo dije...

GUSTAVO   Pero si no he traído a nadie más.

NOELIA   Será cerdo. Estando con nuestro hijo... Se va a enterar. (NOELIA *marca un número de teléfono. Espera a que lo cojan, pero suena el contestador. Grita, muy alterada, mientras que con la mano con la que sujeta el arma hace aspavientos temerarios.*) No me coges el teléfono, ¿eh? Estarás follándote a alguna de tus amiguitas. ¿Te crees que no me iba a enterar? ¡Te dije que no llevaras a nadie a casa mientras estuvieses con el crío! No quiero que te vea con esos pendones con los que sales. Eres igual que cuando estábamos casados, un mentiroso que no puede pensar en otra cosa que no sea en meter la... (GUSTAVO, *que se ha acercado a* NOELIA *por detrás sin que se diera cuenta, le quita el móvil y cuelga. Sofocada.*) ¿Qué haces?

GUSTAVO   Ayudándote.

NOELIA   ¡Dame el móvil!

GUSTAVO   ¡No!... No hasta que te tranquilices. ¿Quieres que ese mensaje acabe en manos de un juez y te quiten la custodia de tu hijo? ¿Qué coño te pasa? Estabas fuera de ti... y que yo sepa tu ex puede hacer lo que le venga en gana.

NOELIA   (*Intenta calmarse, se sienta en el sofá encogida.*) Ya lo sé... lo sé... pero es que... duele tanto...

GUSTAVO   Y a todo esto, ¿cómo te has enterado?

NOELIA   Vive en nuestro antiguo piso… soy muy amiga de su vecina…

GUSTAVO   Vaya… Mírala… Y después yo soy el malo…

NOELIA   No lo entiendo.

GUSTAVO   No entiendes ¿qué?

NOELIA   Su comportamiento, no lo entiendo. Tenía todo lo que hacía falta para ser feliz: dinero, reconocimiento, una mujer, nuestro hijo… y sin embargo…

GUSTAVO   (*Atento a sus palabras.*) … y sin embargo…

NOELIA   … y sin embargo lo dejó todo… el trabajo, nuestro matrimonio… lo jodió todo con la excusa de… ¡vivir! Decía que yo… que yo había olvidado lo que era eso.

GUSTAVO   (*Se sienta a su lado.*) No parece poca cosa. Aunque yo nunca te hubiese dejado… Tu culito me vuelve loco.

(*Le ofrece el móvil con chulería.*)

NOELIA   (*Coge su móvil mientras lo mira con hartazgo.*) Usted me recuerda mucho a él. ¿Siempre se esfuerza tanto en ser desagradable, en caer mal? ¿Por qué? No es necesario.

GUSTAVO   No tiene que serlo.

NOELIA Pero con esa actitud pierde el respeto de la gente que aspira a llegar a ser como usted. Yo aspiro a ser como usted y...

GUSTAVO ¿Y después de conocerme ya no quieres ser como yo?

NOELIA No me refiero a eso, digo...

GUSTAVO (*Tajante.*) Sí o no.

NOELIA Sí... sí, claro que sigo queriendo pero....

GUSTAVO Esto es muy sencillo. Hago lo que quiero porque puedo. Hago lo que quiero porque me lo he ganado.

NOELIA ¿Y no teme las consecuencias? Por mucho poder que tenga siempre hay alguien que tiene más. Reflexione... ¿no teme... (*Baja la voz.*) no teme que lo consideren... inestable? ¿Qué le arrebaten lo que tiene?

GUSTAVO (*Sorprendido con la pregunta, se echa a reír a carcajadas, habla dirigiéndose también a* LA VOZ.) ¿Inestable? Inestable. ¿Estás de broma? Esta sí que es buena. Lo dice la que hace un momento estaba dejando un mensaje en el contestador de su ex en pleno ataque de celos.

NOELIA (*Resignada, se levanta.*) Bah... olvídelo.

GUSTAVO
No, en serio, hablemos de esto, me interesa. (*La prueba.*) Pásame la botella de whiskey (NOELIA *le lanza una negativa con la mirada.*) Vale, vale, ya voy yo… (*Se levanta para servirse de nuevo.*) Tú opinas que el poder conlleva una responsabilidad… ¿no es eso? Espera, esta frase la he escuchado antes. ¿Quién la dijo? ¿Marx? ¿Kant?

NOELIA
En realidad suena a la típica frase de superhéroe.

GUSTAVO
¿Superhéroe?

NOELIA
Sí, los de los cómics (*Descubre la mirada de extrañeza de* GUSTAVO.) Es que a mi hijo le encantan, y siempre que viajo le compro alguno para… en fin, ya sabe.

GUSTAVO
Ya… vale… pero yo prefiero la lógica a los superhéroes. Primer axioma: ¿se puede tener poder siguiendo las reglas?

NOELIA
Sí.

GUSTAVO
¿Seguro? ¿Tú nunca te has aprovechado de alguna situación favorable para progresar?

NOELIA
¡Por supuesto que no!

GUSTAVO
(*Disfrutando.*) Ya… ¿Tu ex marido no trabajaba en la compañía?

NOELIA   (*Sorprendida.*) Sí... Bueno, es vox populi...
cuando empecé era mi jefe hasta que se can-
só del mundo empresarial. Decía que no era
para él... En realidad, en esa época se cansó
de muchas cosas.

GUSTAVO   Sí, he estado leyendo tu ficha. ¿No te divor-
ciaste ese mismo año? Claro que para entonces ya lo habías superado en rango.

NOELIA   No relacione cosas que no son.

GUSTAVO   Menos mal que en seguida comenzaste a salir con otro compañero de trabajo... ¡y también era tu superior!

NOELIA   (*Totalmente blanca.*) ¿Cómo sabe eso? Nunca
se lo dijimos a nadie...

GUSTAVO   Sólo hago mi trabajo, querida. Tengo que saberlo todo sobre ti.

NOELIA   Vale, de acuerdo... ¡pero yo no me aprove-
ché de nadie! Lo normal cuando te pasas tan-
tas horas viviendo en una oficina es que aca-
bes relacionándote con gente del trabajo. Es
inevitable...

GUSTAVO   Pero él fue quien te recomendó para directo-
ra de operaciones...

NOELIA   Sí, pero por mi trabajo, no influyó nada más...

GUSTAVO   (*Cada vez más ebrio.*) Venga, venga… no me cuentes cuentos. Mientras te los tirabas te ayudaron. Y me parece muy bien. Dime una cosa, y sé sincera. ¿Si no hubieras tenido esas dos… relaciones… estarías aquí? (NOELIA *no contesta.*) Vale, segundo axioma: si para alcanzar el poder hay que romper algunas reglas, si para llegar al poder hay que corromperse, aunque solo sea un poquito… una vez alcanzado… ¿se puede volver atrás? ¿Crees que se puede abandonar la fórmula que te ha llevado a lo más alto? ¿Crees que podemos volvernos buenas personas sabiendo con seguridad que eso nunca nos ha llevado a nada en la vida?

NOELIA   ¿Cómo… cómo puede pensar así? Siempre hay margen para ser mejor.

GUSTAVO   ¿De qué nos sirve ser mejores? ¿Ser mejor haría que desaparecieran mis ganas de follarte? (*Se acerca a* NOELIA, *pero ella levanta el arma, apuntándolo.*) No, pero esa pistola sí… ¿Y tú qué? ¿Eres mejor teniendo esa pistola? Bájala… no voy a hacerte nada, no soy un degenerado. Sólo quería que supieses que te respeto, hiciste lo que tenías que hacer para estar aquí. Y si follas conmigo estarás en lo más alto.

NOELIA   (*Baja el arma.*) Eres asqueroso.

GUSTAVO   No, soy práctico. (*Se da la vuelta para servirse otro trago dando la espalda a* NOELIA. *De nuevo habla no solo para* NOELIA. *Ella levanta de*

41

nuevo el arma imaginando cómo matarlo.) Pero realmente me sorprende que una tía como tú, con tu ambición… me trate tan mal (*Se ríe al pensar lo que ha dicho.*) ¿Has oído? (NOELIA *baja el arma un segundo antes se que* GUSTAVO *se de la vuelta.*) Me tratas fatal….

(*Se ríe como un loco.*)

NOELIA   ¿Qué es lo que le hace tanta gracia?

GUSTAVO   (*Se seca las lágrimas.*) Pues que hacía mucho que alguien no me trataba fatal. La gente es tan pelota….

NOELIA   Me alegra que le guste porque pienso seguir tratándolo igual. (GUSTAVO *asiente y se acerca a la cocina. Abre la nevera y saca una gran sandia. La lleva a la barra americana, de donde coge un cuchillo de cocina extremadamente grande.*) ¿Qué hace?

GUSTAVO   Es tarde y no hemos cenado nada. Y me encanta la sandía… ¿a ti no? (GUSTAVO *abre en dos la sandía, la corta meticulosamente, como si disfrutara con ello.*) ¿Te he dicho que ya había estado en este apartamento?

NOELIA   (*Mira absorta.*) No, no lo ha mencionado…

GUSTAVO   Sí, fue hace mucho tiempo… (*Rebana la sandía como si fuera un cuello para quedarse con una porción.*) La empresa me mandó para ser evaluado por un directivo durante un fin de semana. Querían saber si merecía ser uno de ellos. Entrar en el club del millón. Igual que...

NOELIA   ... yo.

GUSTAVO   ...tú, sí, exacto. (*Corta pedacitos muy peque-ños.*) Igual que nosotros, mejor dicho, porque haciendo de mí había... (*Coge el cuchillo por el mango y lo clava con violencia en un trozo de sandia.*) ... bueno, otro directivo...

(*Se lleva a la boca el trozo de sandía.*)

NOELIA   (*Muy nerviosa.*) Y... ¿qué pasó?

GUSTAVO   (*Muy calmado, vuelve a pinchar otro trozo.*) ¿Qué pasó? ¿No es evidente? Que aprobé la evaluación, claro (*Se come la sandia, despreo-cupado.*) No iba a dejar que se me pasará la oportunidad. No fue fácil, evidentemente, pero no dudé ni un segundo.

NOELIA   (*Intenta no perder los nervios.*) Pero cómo... ¿Qué hiciste? ¿Qué hiciste? No serías capaz de... de...

GUSTAVO   (*Amenazador.*) ¿De qué? Venga, dilo, termi-na la frase... ¿Por qué estás tan segura de ti misma, Noelia? ¿Por qué me da la impresión de que mi opinión te importa una mierda? (NOELIA *lo mira aterrada, incapaz de hablar.* GUSTAVO *vuelve a pinchar un trozo de sandía y* mientras habla se acerca a NOELIA, con el cuchillo en la mano.) ¿Quieres saber por qué siempre llevo un arma conmigo? Porque sé en qué clase de persona te puede convertir esta empresa. En una capaz de hacer cualquier cosa por dinero.

NOELIA   (*Retrocede y levanta el arma, apuntando a* GUSTAVO.) No, no… yo no soy como usted.

GUSTAVO   (*Sigue avanzando.*) Aún no… pero estás a un movimiento de dedo de serlo. ¿No lo sientes ya? ¿No quieres saborearlo?

NOELIA   No se acerque más o juro que… que…

GUSTAVO   (*Se para a pocos pasos de* NOELIA, *de pronto se ríe como un loco.*) Pero oye, mírate, estás sudando a mares… ¿Qué te pasa? ¿Te sientes mal? Yo solo venía a ofrecerte sandía… ¿Te apetece?

(NOELIA *lo mira con terror y se va a su cuarto corriendo.* GUSTAVO *la sigue con la mirada, complacido, mientras la luz se apaga y finaliza el tercer acto.*)

Acto IV

Misma habitación, pero totalmente a oscuras excepto por las luces nocturnas de la calle que se cuelan por las ventanas. Hay alguien sentado en la habitación en una de las zonas más oscuras, lo sabemos porque está fumando y cuando da una calada aparece un punto rojo en la nada, como si una estrella estuviera a punto de extinguirse.

LA VOZ ¿Problemas para conciliar el sueño, señor Demir?

GUSTAVO *(Sin moverse del sitio ni fingir sorpresa.)* Vaya, así que os atrevéis a hacer acto de presencia. Muy bien, muy oportuno.

LA VOZ No sé de qué se sorprende. Usted siempre ha sabido que nosotros escuchamos y vemos todas las evaluaciones de los candidatos.

GUSTAVO Pero esta es diferente, ¿no? O quizás tremendamente familiar.

LA VOZ ¿Algún problema con la candidata, señor Demir?

GUSTAVO   (*Riéndose.*) Sí, vaya si tengo un problema con
la candidata… (*Se levanta y se sitúa en el centro de la habitación.*) El problema es que le habéis prometido mi puesto… si me mata.

LA VOZ   ¿Por qué piensa eso señor Demir? No es la primera vez que hace este trabajo y hasta ahora lo
único que ha tenido que hacer es cumplimen-
tar un informe recomendando o desechando al
candidato, eso es todo.

GUSTAVO   Sí, así ha sido siempre supongo… pero el caso
es que en mi evaluación no fue así. No, no
lo fue… recuerdo todo perfectamente… fue
aquí mismo. Estaba aquel tipo… ¿cómo se
llamaba?

LA VOZ   Supongo que se referirá al señor Reutemann….

GUSTAVO   ¡Ese! El pobre señor Reutemann… A mí me
caía bien, pero a vosotros… ¿cómo me lo de-
finisteis? Ah, sí, sí… era inestable.

LA VOZ   Las personas inestables siempre tienen dema-
siados… imprevistos… Y eso…

GUSTAVO   … no es bueno para el negocio. Sí, ya me lo
sé…

LA VOZ   Usted en cambio parecía un valor seguro, una
persona comprometida. Por eso seguimos con-
fiando en su criterio.

GUSTAVO   Ohhhh… venga por favor. Un poco de dignidad. ¿Ahora soy de confianza? Espera, ya lo entiendo… ¡Habéis visto que no lo va a hacer y ahora queréis lavaros las manos!

LA VOZ   No sabemos a qué se refiere, señor Demir.

GUSTAVO   ¡Y un cuerno! Lo habéis visto. Me tenía en sus manos. Estaba aquí mismo, apuntándome y no apretó el gatillo. Me dijo… (*Su voz suena algo triste.*) me dijo que no era como yo…

LA VOZ   Nosotros no juzgamos su forma de evaluación, señor Demir.

GUSTAVO   Sabía que este momento llegaría, de que os cansaríais de mí, de vuestro juguete, vuestra creación…

LA VOZ   Usted sabe que su cargo es vitalicio excepto renuncia, señor Demir, y en el consejo nadie desea eso.

GUSTAVO   Sí, que se lo cuenten al señor Reutemann…

LA VOZ   Reconocemos que usted ingresó en la directiva… de forma excepcional. Pero supimos recompensar su esfuerzo generosamente.

GUSTAVO   Sí, de eso no hay duda… Un millón al año… ¿Y sabéis lo más gracioso? Claro que no lo sabéis, no tenéis sentido del humor… Lo más gracioso, lo más acojonantemente surrealista en toda esta historia, es que no soy capaz de gastar el millón a lo largo de un año. ¿Qué os parece eso?

LA VOZ   La capacidad de ahorrar es una cualidad muy valorada en la compañía.

GUSTAVO   Lo he intentado, de verdad que lo he intentado. Al principio compraba un montón de cosas que no me servían para nada, como mi yate… Joder, si yo no puedo navegar sin marearme. O un coche, y luego otro, y luego otro… ¿Sabéis cuántos coches puedes comprar con un millón? Da igual lo que hiciera, no conseguía gastarlo. Así que me cansé y decidí usarlo solo en cosas que me gustaran, pero sin reparar en gastos, a lo grande… ¿Y sabéis qué pasó?

LA VOZ   Imprevistos.

GUSTAVO   Que descubrí que tenía gustos muy baratos. Podría vivir muy feliz con una cuarta parte de lo que gano. Y en cambio soy tan infeliz.

LA VOZ   ¿Por qué es infeliz, señor Demir?

GUSTAVO   (*Alzando la voz.*) ¡Porque me agobia no saber en qué gastarme el resto del puto dinero!

LA VOZ   Tenga cuidado. Va a despertar a la señorita Carvajal.

GUSTAVO   No... no creo, siempre se pone tapones para dormir.

LA VOZ   ¿Y por qué no hace usted lo mismo? Váyase a dormir. Descanse. Mañana verá las cosas de otro modo y volverá a casa siendo el de siempre.

GUSTAVO   Eso si no me equivoqué con Noelia y al final me mete un tiro por gilipollas. No sé qué hago todavía aquí. No sé qué hago hablando con los mismos que planean mi asesinato... ¿Me estáis oyendo? Digo que me queréis matar.... ¡Eh! ¡Habladme, hijos de puta! ¡No os vayáis! ¡contestadme! (*Nadie contesta a* GUSTAVO. *Se hace el silencio. Agotado, se deja caer en el sofá, se queda dormido. Por detrás,* NOELIA *sale en pijama, sigilosa, de su habitación. Lleva el arma en la mano. Ve a* GUSTAVO *dormido y lo apunta con el arma. No es una decisión fácil. Toma más distancia y lo intenta de nuevo. No puede. Se acerca y le coloca muy delicadamente un cojín en la cara, para no verlo. Vuelve a alejarse y lo intenta de nuevo. En ese momento* GUSTAVO *se mueve, al despertar. Ella corre a la cocina y abre la nevera para disimular.* GUSTAVO *se incorpora, extrañado por la aparición del cojín en su cara, y la ve.*) ¿Te entró hambre?

NOELIA   (*Finge asustarse.*) ¡Dios! No sabía que estaba ahí... ¿Qué hace? Mejor no me lo cuente, yo me vuelvo a la cama. Y recuerde que aún llevo el arma.

GUSTAVO   Precisamente yo quería hablar contigo...

NOELIA   (*Sin escuchar.*) Mañana por fin nos iremos y todo esto será un mal sueño. Por mi parte podéis meteros vuestro millón en el culo.

GUSTAVO   No lo estás diciendo en serio. Mira, yo...

NOELIA   Y esa actitud... ¿Cree que puede asustarme con amenazas?

GUSTAVO   Tienes razón, eso no estuvo bien.

NOELIA   Lo peor es la manera que tiene de juzgarme... ¿Cree que yo haría cualquier cosa por ser rica?

GUSTAVO   Lo llegué a pensar, sí.

NOELIA   Pues que pena me da.

GUSTAVO   Lo pensé al leer tu ficha. Eres huérfana, ¿verdad? Tuvo que ser duro. No tener nada, ni siquiera unos padres...

NOELIA   No debería saber eso.

GUSTAVO   A diferencia de la mayoría, sabes lo que es no tener nada, y cada paso que das, cada victoria, es una manera de decirles a los demás y a ti misma que puedes estar al mismo nivel que cualquiera.

NOELIA   ¿Esto qué es? ¿Otro juego?

GUSTAVO   No, no… está vez no es juego. Ni una broma pesada. Simplemente quería decir que… te admiro. Porque a pesar de todo tienes valores. Dignidad. La ambición aún no te ha devorado. No has sacrificado lo importante. Antes… cuando sugerí que habías progresado gracias al físico… no sé si lo decía en serio. Sé que tu divorcio fue duro.

NOELIA   Deje de hablar de mí.

GUSTAVO   Igualemos las cosas… ¿Quieres saber cómo conseguí que me propusieran para directivo? Con la última reforma laboral flexibilizaron mucho las condiciones para ofrecer becas. Pues bien, sugerí contratar becarios a través cursos falsos que ofrecíamos nosotros mismos. Así conseguíamos gente cualificada con sueldos de risa, y además nos llevábamos una subvención. ¿Qué te parece? Sí, sí… no me mires así, no es para estar orgulloso.

NOELIA   (*Intentando ser comprensiva, se sienta a su lado.*) Bueno, demostró ingenio…

GUSTAVO   ¿Ingenio? ¿Ahora vas a defenderme? No lo intentes, sé que tú nunca hubieras hecho algo así.

NOELIA   ¿Por qué? ¿Es qué no crees que pueda hacer nada malo?

GUSTAVO   Porque tienes un hijo. Y no creo que puedas dejar una herencia que luego le perjudique a él... ¿o sí? (NOELIA *se levanta angustiada*.) ¿He vuelto a decir algo que no debería?

NOELIA No... es que... No paso tanto tiempo con mi hijo como debiera.

GUSTAVO Es normal, trabajas mucho.

NOELIA No es solo eso... Ser madre... me asusta. Siempre me ha asustado. Es como si algo me impidiera disfrutarlo, como si supiera que no voy a estar a la altura.

GUSTAVO Estoy seguro de que eres una madre genial.

NOELIA (*Llora.*) No, no lo soy porque no sé qué es una madre genial... no sé ni lo que es tener una madre.

GUSTAVO No digas eso. Al menos tienes a alguien esperándote en casa al terminar el día. Alguien que no te quiere por el dinero que tienes.

NOELIA No quiero que mi hijo tenga que luchar tanto como yo... ¿lo entiende?

GUSTAVO Claro que sí, es lo normal.

NOELIA Creo que tú... ¿te importa que te tutee?

GUSTAVO No, mujer, cómo me va a importar. ¡Ya era hora!

NOELIA   Tú y yo en realidad somos iguales… Nadie nos va a perdonar ya nuestra codicia.

GUSTAVO   No, yo soy peor, te lo aseguro.

NOELIA   Los dos compensamos con dinero lo que nos falta en la vida.

GUSTAVO   Sobre todo yo, tú no tanto, no te martirices…

NOELIA   Pero como bien has dicho, yo tengo un hijo. No puedo rendirme, él depende de mí.

GUSTAVO   (*Emocionado.*) ¡Ojalá yo tuviese un hijo!

NOELIA   Yo no me merezco ganar un millón…

GUSTAVO   (*Lloriqueando.*) ¡Ni yo!

(NOELIA *se gira y apunta con el arma a* GUSTAVO.)

NOELIA   Pero mi hijo sí.

(GUSTAVO *tarda en comprender lo que está pasando.*)

GUSTAVO   Pero… ¿qué haces?

NOELIA   Voy a evitar que mi hijo tenga que encontrarse a tipos como tú en la vida. Voy a evitar que sea explotado en un trabajo de mierda con una beca como las que tú creaste. Voy a evitar que

tenga que arrastrarse todos los días para poder pagar un piso de mierda. Que no pueda
disfrutar de su hijo entre semana por hacer
horas extras que no valora nadie.

GUSTAVO   Te has vuelto loca... ¡Suelta eso!

NOELIA   Voy a evitar que tenga que hacer algo de lo
que se arrepentirá siempre.

(NOELIA *apoya el arma en la sien de* GUSTAVO,
*que se arrodilla con las manos levantadas, en-
trando en pánico.*)

GUSTAVO   ¡No lo hagas! ¡No lo hagas! Escúchame un
momento... ¡destrozarás tu vida!

NOELIA   ¿Cómo lo sabes? Lo hiciste, ¿verdad? Matas-
te para conseguir el millón.

GUSTAVO   (*Derrumbado.*) ¡Sí! ¡Lo hice! Y fue un error, un
tremendo error del que me arrepiento tanto...

NOELIA   Entonces mejor para mí. Matarte solo es un
acto de justicia.

GUSTAVO   No, no... Sólo te llevarías una vida que no me
pertenece. Cuando lo hice pensaba que sien-
do rico sería más libre, y me equivoqué. Si
aprietas el gatillo te meterás en una celda tan
oscura como un ataúd.

NOELIA   ¿Entonces, te importa morir?

GUSTAVO   Tengo miedo... todos los días me levanto pensando en el pobre señor Reutemann... No se
lo merecía... *(Señala arriba.)* Ellos, ellos dijeron que era inestable porque comenzó a cues-
tionar las decisiones de la compañía. Ahora
soy yo el inestable porque no he vuelto a ser
el mismo desde entonces... ¿Quieres esa vida?
Merezco morir, sí... pero hasta que no te he
conocido no me he dado cuenta de que sal-
vándote al menos puedo redimirme. No me
mates, por favor... Si es por dinero te daré
todo lo que tengo... Me iré de la empresa y
mi puesto será tuyo...

NOELIA   *(Dudando.)* No, ellos quieren que mueras. Y
yo no sé si, aunque no te mate, podría volver
a ser la misma después de este fin de semana.

GUSTAVO   *(Llorando.)* Me dijiste que no eras igual que
yo... *(Se produce una tensa espera.* NOELIA, *a
pesar de todo, no puede matarlo a sangre fría.
Baja el arma, mareada.)* Gracias, gracias...

        *(Suena su móvil. Tiene un mensaje. Lo lee en voz
alta.)*

NOELIA   Es mi marido. Ha debido escuchar mi mensaje.

GUSTAVO   *(Intenta relajar el ambiente.)* ¡Ah! ¿Y qué dice?
Seguro que le has cortado el rollo... ¡Bien hecho!

(Se ríe forzadamente.)

NOELIA   «Deja de espiarme, zorra. Es mi vida, y me follo a quien quiera. No estamos juntos. No te quiero. Supéralo».

(La cara de NOELIA expresa un profundo dolor, como si alguien revolviera su corazón con un cuchillo.)

GUSTAVO   Eso… eso ha estado mal…

(NOELIA gesticula con el arma en la mano.)

NOELIA   ¿Mal? ¿Por qué te parece mal si tú también te vas follando a todo lo que se mueve?

GUSTAVO   Espera Noelia, baja el arma…

NOELIA   ¿Qué pasa? ¿Os creéis que somos de usar y tirar?

(NOELIA vuelve a apuntar a GUSTAVO.)

GUSTAVO   No, no… yo no pienso eso…. ¡me encantan las mujeres!

NOELIA   *(Más agresiva.)* ¿Te encantan las mujeres, hijo de puta? ¿Por eso me ponías los cuernos con cualquier golfa que se te pusiera por delante? ¿Eso es lo que le enseñas a nuestro hijo? ¿A ser un semental?

GUSTAVO   Noelia, yo no soy tu ex marido.

NOELIA   ¡Te quería! ¡Te quiero! (*Pausa.*) ¿Lo oyes, hijo
de puta?

GUSTAVO   ¡Espera un momento, Noelia! Yo…

*(La luz cae, se oye un disparo y el impacto de
un cuerpo golpeando el suelo. Finaliza el cuarto acto.)*

Acto V

*Misma habitación, pero de nuevo la luz de la
mañana se cuela por todos los rincones. Una
mancha roja en el suelo nos recuerda la última
posición en la que vimos a* Gustavo. Noelia *sale
de su cuarto arrastrando la maleta. Va hablando por el móvil.*

Noelia   Oye, ya te he pedido perdón, ¿vale? No debí
usar a la vecina para espiarte. Sé que eres mayorcito y que no harás nada irresponsable delante de nuestro hijo... Sí, ya lo sé... me pasé
mucho, pero creo que tu respuesta fue bastante dura... ¿Podemos hacer como si esto no hubiera pasado? Creo que es hora de pasar página. Y todavía tenemos un niño en común... ¿La
evaluación? (Noelia *no puede evitar fijarse en
la sangre.*) Sí, creo que bien... sí, me darán el
puesto... Pero creo que tenías razón, siempre
tuviste razón: he trabajado demasiado toda mi
vida. Pero eso va a cambiar... Sí, te llamo cuando aterrice... dale un beso de mi parte... Chao.

(Noelia *cuelga, suspira, y echa un último vistazo a la estancia sin poder evitar un pequeño
remordimiento. Se dispone a salir cuando* La Voz
la para en seco.)

LA VOZ   Enhorabuena, señorita Carvajal. El puesto es suyo.

NOELIA   Sí, supongo que sí. Pero ahora solo quiero coger mi vuelo y abrazar a mi hijo lo antes posible, si no le importa.

LA VOZ   Me parece que no va a ser posible...

NOELIA   ¿Cómo?

LA VOZ   Su nuevo cargo como directiva de la compañía, y su nuevo sueldo, vienen acompañados de pocas pero importantes responsabilidades. Y en este caso necesitamos de sus servicios de manera inmediata.

NOELIA   No creerá que voy a volver a...

LA VOZ   Por favor, eso pertenece al pasado y haríamos bien en no mencionarlo más. No, lo que necesitamos se ajusta directamente a su nueva competencia profesional.

NOELIA   ¿Y no pueden mandarme un mail para explicármelo como en cualquier compañía normal? ¿De qué se trata?

LA VOZ   Usted sabe de lo que se trata. En unas horas llegará una persona. Su trabajo consistirá en... evaluarla.

NOELIA   ... evaluarla. Tengo que evaluarla.

LA VOZ — Exactamente. Necesitamos saber si tiene madera para entrar en nuestro selecto club. Una evaluación rutinaria, la primera de muchas, no se preocupe.

NOELIA — (*Preocupada.*) Claro, claro... la primera de muchas... Una evaluación rutinaria... (*En voz baja.*) Que se lo cuenten al señor Demir...

LA VOZ — ¿Cómo ha dicho?

NOELIA — (*Se acerca al mueble bar y se pone una copa.*) Nada, nada...

LA VOZ — Sólo serán un par de días y volverá a casa para contar a su hijo que gana un millón al año. Y por cierto, no se preocupe por la mancha en el suelo. En unos minutos llegará una brigada de limpieza que lo dejará todo como nuevo. Aproveche para pasear por la ciudad, ir de compras, comer en el mejor restaurante... No ha salido de la casa desde que llegó.

NOELIA — (*Se coloca en el medio de la estancia.*) Es verdad... no he salido... (*Bebe de un trago la copa.*) ¿Sabe algún lugar donde pueda comprar cómics de superhéroes?

LA VOZ — Eso es todo, señorita Carvajal. Y de nuevo déjeme felicitarla.

(NOELIA *se queda pensativa. Pasa al lado de la maleta y le da una patada. Se sienta y se fija en* el maletín de GUSTAVO, que sigue abierto a los pies del sofá. Lo recoge y lo deja encima de la mesita. Muy lentamente, saca la bolsa de cocaína. La mira muy atenta, con ojos vidriosos. Se prepara una raya y la esnifa con violencia. El subidón es inmediato. Aparta el maletín de golpe y de una patada aleja la mesa. Y tras el estallido, la culpa. Se arrodilla ante la mancha de sangre y, cubriéndose la cabeza, comienza a llorar.)

Y, de esta manera, la obra llega a su…

Fin.

CARLOS ZAMARRIEGO

la herencia de los Miller

Esta obra se estrenó en la sala Joaquín Eléjar de Málaga,
el 16 de enero de 2021, interpretada por
Stéphanie Magnin (LAURA Miller), Ángel Velasco (ISAAC Navarro)
y Jesús Carrillo (MAX).
Dirección: Carlos Zamarriego.

Y se reestrenó el 23 de septiembre de 2021 en los Teatros Luchana
de Madrid, interpretada por Stéphanie Magnin (LAURA Miller),
Ángel Velasco (ISAAC Navarro) y Edgar Costas (MAX).
Dirección: Carlos Zamarriego.

Personajes

LAURA   Treinta y ocho años. Ejecutiva agresiva, resu-
         miendo el resumen.

MAX   Cuarenta años. Es listo, pero no controla su
         ira.

ISAAC   Treinta y cinco años. Tiene el intestino irrita-
         ble, pero no lo sabe.

1♀ 2♂

Acto único

Una playa del Caribe semidesierta. LAURA *Miller e* ISAAC *Navarro están en una silla plegable, obviamente cada uno en la suya o sería raro; en bañador, porque a* LAURA *le parece una ordinariez el nudismo si no está justificado; con un daiquiri en la mano, el de* ISAAC *sin alcohol porque le entran ardores.* ISAAC *de vez en cuando repasa con crema solar su cuerpo blanco como las primeras nieves del invierno y untado exageradamente de aún más crema, no sea que un rayo de sol lo toque y acabe con un melanoma.*

ISAAC   Un mapache.

LAURA   No.

ISAAC   Una oveja.

LAURA   No.

ISAAC   Una cebra. Las cebras siempre caen bien.

LAURA   No.

ISAAC   Vale, ¿y un cocodrilo?

LAURA	Sabes que me dan repelús las lagartijas.
ISAAC	Oye, ¿y un tiburón?
LAURA	Ni de coña.
ISAAC	Sí, estoy de acuerdo. Sería confuso. ¡Un canguro!
LAURA	Nada de animales vegetarianos.
ISAAC	Cariño, creo se dice herbívoros... ¿Y un cerdo? (LAURA *se baja las gafas de sol para dejar clara su respuesta con una mirada asesina.*) Claro, demasiado obvio. (ISAAC *se toma un rato. Mientras piensa,* LAURA *se pone unos cascos y cierra plácidamente los ojos.*) ¿Un lince ibérico? Nah... si están a punto de extinguirse. ¿Un oso panda? Buf, demasiado oriental. ¡Un oso polar! Tampoco, a esos les quedan cuatro veranos a tope de cambio climático. ¿Un tigre? Ah, no, que eso ya está cogido. ¿Y un hipopótamo? Los hipopótamos son muy amables... siempre, claro está, que no entres en su territorio. Vi una vez un documental de hipopótamos y no te puedes imaginar los dientes que tienen. En realidad, son los animales más agresivos y peligrosos de África, y parece que se han pasado con el colesterol. No, nada de hipopótamos. ¿Y si repasamos de nuevo la lista de las aves? El otro día creo que estuve a punto de convencerte con el

búho real. No me lo dijiste, pero... ¿Laura? ¿Laura? (*Se da cuenta de que tiene los auriculares, le quita el de una oreja.*) Laura, amor, que estoy trabajando para ti...

(LAURA *se levanta, más que harta.*)

LAURA   Isaac, mi vida... eres un cansino. No sé qué narices te pasó hace una semana, pero desde que cogimos el avión no has parado de repasar la enciclopedia visual de los seres vivos. ¡Y yo he venido a descansar! No te esfuerces, que no quiero cambiar de animal. Y por lo que más quieras... ¡deja de echarte crema, que pareces una pista de esquí! Y métete en el agua, que estamos en el Caribe, cojones.

ISAAC   ¿Y la digestión? Si solo hace tres horas que hemos comido. (LAURA *recoge la silla y sus cosas y hace por irse.*) Pero ¿a dónde vas?

LAURA   Con Markus.

ISAAC   ¿Con Markus? ¿Quién es Markus?

LAURA   El masajista del hotel. Me ha prometido un masaje oriental de piedras volcánicas. Luego podrás leer mi opinión por twitter.

ISAAC   Ya te dije que los he probado todos y es mejor el de aromaterapia. Y la chica del spa del hotel se llama Rebeca, no Markus.

LAURA   Sí, pero pidió una baja por estrés y desapareció de la noche a la mañana. ¿Te lo puedes creer? Estresada de tanto masaje anti estrés. Markus la sustituye. Es majo, pero tiene un acento muy raro.

(LAURA *se va.* ISAAC *se queda pensativo.*)

ISAAC   ¿Desapareció de la noche a la mañana? (*Un pensamiento consigue asustarlo.*) ¡Laura! ¡Espera! ¡Laura!

(*Recoge sus cosas atropelladamente y se va tras* LAURA.)

Una semana antes.
Despacho de la presidenta de Salchichas Miller S.A. Es posible que lo primero que nos llame la atención sean los cuadros de dos señores muy viejos e importantes que observan desde su posición privilegiada. Son los antepasados de LAURA *Miller y primeros presidentes de la empresa. En el despacho hay, al menos, una mesa baja; un sofá elegante de dos plazas, una butaca de despacho giratoria y un globo terráqueo, distribuidos de la manera más armoniosa posible. También puede que haya archivadores en alguna estantería. Al menos uno sí está visible encima de la mesa. El despacho está en penumbra. Aparece* MAX, *muy bien vestido, traje y corbata negro. En la mano lleva una maleta de viaje que, si nos fijamos bien, se puede apreciar que no es suya. Se mueve con mucho misterio. Deja la maleta en el suelo y extrae de uno de sus bolsillos un bote de aspirinas, al mismo tiempo que de su chaqueta saca una misteriosa pastilla. Abre el bote, guarda en él la pastilla, lo cierra y lo devuelve al bolsillo de la maleta. Luego se acerca a la mesa y comienza a cotillear en el archivador con nerviosismo. Se oyen ruidos.*

LAURA   (*Desde fuera.*) ¡Max! ¿Dónde coño te metes?

(MAX *recoge todo apresuradamente.*)

MAX ¡Estoy en su despacho, señorita Miller!

(*El despacho se ilumina y entra* LAURA *Miller como un torbellino. Es atractiva y elegante, pero no es su intención, porque no quiere que su vestuario hable por ella.* MAX *está esperando de pie, muy formal, con una tableta electrónica portátil en la mano que ha sacado casi por arte de magia.*)

LAURA ¿Qué haces aquí?

(*Se sienta en la butaca. Seguramente está deseando quedarse descalza y masajearse un poco los pies. Quizás lo haga.*)

MAX Su videoconferencia con la junta de accionistas… ¿Se acuerda? Es dentro de cinco minutos.

LAURA ¡Ah! Es verdad. Anúlala.

MAX ¿Anularla?

LAURA Sí, joder. Nos haría parecer débiles.

MAX (*Mientras trasmite el mensaje a través de la tableta.*) Pero las fábricas irán a la huelga.

LAURA Aguantaremos. Siempre lo hemos hecho. Eso es lo único que quiero rescatar del pasado. Sobrevivir para continuar.

MAX   Eso me temo.

LAURA   ¿Cómo?

MAX   (*Señala la tableta.*) Perdón, estaba escribien-
             do en voz alta. Me preguntaba el señor Heiss
             si su decisión era inamovible.

LAURA   Más pronto que tarde el señor Heiss va a te-
             ner que venderme sus acciones. El muy hijo
             de puta se ha vuelto demasiado blando, sabe
             perfectamente que este ajuste es necesario.
             Más robots y menos personal, o en cinco años
             tendremos a los japoneses metiéndonos inte-
             ligencia artificial por el culo. ¿Qué ha salido
             en la prensa?

MAX   Le he mandado un resumen por mail.

LAURA   Hazme un resumen del resumen.

MAX   Básicamente, es usted la encarnación del mal.

             (*Silencio.* LAURA *mira perpleja a* MAX.)

LAURA   ¿Eso dicen?

MAX   (*Azorado por si ha sido demasiado directo.*) No
             con esas palabras, claro… pero resumiendo el
             resumen…

LAURA   ¿Y un resumen del resumen del resumen? Por
             curiosidad.

MAX   Hashtag #LauraFascista.

LAURA   Oye, Max, no te pases...

MAX   No, no... me refería a twitter. Me acaba de saltar la notificación: es usted *trending topic*. Enhorabuena.

LAURA   Joder... ¿No tenemos un departamento de PR? ¿Para qué pago a esos vampiros? A la vuelta quiero una reunión con ellos. Diles que dejen de tocarse las pelotas a dos manos y preparen un plan para que a finales de mes salga de todo este jaleo como el puto Steve Jobs. ¡No! No les digas Steve Jobs o me propondrán que me haga vegana y que comience a dar charlas TEDx a friquis que necesitan escuchar que el dinero no da la felicidad porque no tienen un puto duro.

MAX   ¿Bill Gates, mejor?

LAURA   ¿Qué te pasa? Prefiero ser Hitler a un tipo que llamó ventana a su sistema operativo. (*Silencio.* MAX *mira a* LAURA *de forma rara.*) ¿Qué? ¿He dicho algo? ¿Eres accionista de Microsoft? (MAX *va a decir algo, pero* LAURA *lo corta.*) ¡Michelle Obama! ¿A quién le cae mal Michelle Obama? Diles eso (MAX *escribe.*) Aunque dudo mucho que sepan siquiera cómo conseguirlo. Tengo la impresión de que solo la mitad de lo que invertimos en publicidad funciona.

(LAURA *se pone a buscar con ansia un paquete de tabaco.*)

MAX   ¿Y por qué no reducimos costes?

LAURA   Porque no tengo ni idea de qué mitad es la que funciona. ¿Avisaste al aeropuerto para el vuelo de esta noche?

MAX   Y mandé un recordatorio a los pilotos para que estén disponibles desde... (*Mira el reloj.*) ya.

LAURA   ¿Seguro que no te dijo Sylvia dónde me escondía los puñeteros cigarros?

MAX   No.

LAURA   (*Desiste.*) Mejor. Ahora me tengo que acostumbrar a la fuerza.

MAX   ¿A la fuerza?

LAURA   ¿No estarás compinchado con Sylvia para que no fume? Porque, aunque sé que es por mi bien, hoy realmente lo necesito.

MAX   Si quiere puedo preguntar...

LAURA   ¡No! Déjalo. Como alguien tuitee que molesto a un empleado que está de baja me meten en la cárcel. Bastante tengo con despedir a quinientas personas. Vosotros ganáis, nada de nicotina. Así al menos no tendré que mentir a mi médico.

(*Llaman al móvil de trabajo de* LAURA, *que tiene* MAX. *Mira la pantalla.*)

MAX   Es el señor Heiss.

LAURA   Qué paciencia... Pásame a ese chupatintas pacta-con-todos. (*Le pasa el móvil,* LAURA *se levanta y pasea con decisión,* MAX *la sigue atento, quizás con la mirada, quizás literalmente.*) ¿Qué pasa? Claro que he visto twitter, ¿y qué? Claro que tengo a alguien encargándose de ello. El chaval ese que nos lleva las redes... el que va siempre en camiseta, ¿cómo se llama? (*Tapa el teléfono, a* MAX.) ¿Cómo se llama?

MAX   *Community manager.*

LAURA   (*Al teléfono de nuevo.*) El *community*... (*A* MAX.) No, coño, que cómo se llama el *community*.

MAX   Carlos.

LAURA   (*Al teléfono.*) Carlos, eso es, Carlos. Un chaval muy majo. El pobre nos hizo hace dos años un plan de crisis estupendo por si pasaba algo así. ¿Cómo? ¿Y yo que sé en qué consiste? Nunca abro nada de lo que me manda. Pero es un fenómeno, y seguro que lo tiene todo controlado a pesar de que recortamos un cincuenta por ciento el presupuesto de su departamento. (*A* MAX.) Departamento por decir algo, porque desde que despedimos al diseñador está él solo.

MAX   (*Revisa el correo en la tableta.*) Carlos acaba de mandar un mail.

LAURA   (*Al teléfono.*) ¿Ves? Carlos acaba de mandar un mail. Seguro que ya ha revertido la corriente de opinión con un par de tweets. Menudo es Carlos. Él no se achanta por unos cuantos cientos de *haters*. Necesitamos más gente como Carlos en esta empresa. Ya verás como nos recomienda un plan con influencers, siempre está con lo mismo, como si fuese yo a dar dinero a unos muertos de hambre que se dedican a hacerse selfies. (*A* MAX, *tapando el teléfono.*) ¿Y? ¿Qué dice Carlos?

MAX   Que dimite. Con efectos inmediatos.

LAURA   ¿Qué? ¿El muy mamón nos abandona? ¿Pero no tiene que darnos quince días o algo así?

MAX   Al parecer no. Le teníamos como falso autónomo.

LAURA   ¡Judas! (*Al teléfono.*) ¿Qué? No sé, pues les echamos pelotas… No me digas… Ya… Ya… Ajá… Claro, claro… (LAURA *se vuelve a sentar en la butaca. Mientras habla por teléfono se asoma por el despacho* ISAAC *Navarro. Viste una camiseta hawaiana y lleva una maleta de viaje.* LAURA *le hace señas para que entre.* ISAAC *avanza, deja la maleta, mira con extrañeza a* MAX *y lo saluda con un movimiento de cabeza.* MAX *no le devuelve el saludo. Luego le da un beso en los labios a* LAURA. *Sigue hablando por teléfono.*) Mira, me encantaría seguir hablando de lo que piensa la junta, pero la realidad es que yo controlo más de la mitad de las acciones de esta empresa que además fundó mi familia. Y no hay más que hablar. Comienza a negociar los despidos con los sindicatos (*Cuelga y se guarda el teléfono.*) Gilipollas. Tú no, Heiss. (*A* ISAAC.) Cariño, ¿quieres un café? Max, uno con más leche que café.

ISAAC   (*Se justifica ante* MAX.) Es que si no luego me cuesta dormir. (*A* LAURA.) Oye, ¿Carlos no es vuestro *community manager*? Acaba de tuitear con el *hashtag #LauraFascista* y *#Ahora-LeeteMiPlanDeCrisis*.

LAURA   ¡Joder! Necesito dulce y matar a alguien. Trae también un vasito con chocolate caliente y una ametralladora. Gracias. (MAX *va a salir, pero* LAURA *lo detiene.*) ¡Ah! Y Max… pregunta por ahí a ver si alguien tiene el famoso «Plan de Crisis».

               (LAURA *hace un gesto de resignación.* MAX *se va a por el café y el chocolate.*)

ISAAC   ¿Dónde está Sylvia? ¿La has despedido?

LAURA   ¡No! ¿Cómo puedes pensar eso? Sabes que la adoro... ¿Has entrado en Internet últimamente? A ver si tú también te vas a creer lo que dicen sobre mí.

ISAAC   ¿Entonces? ¿Quién es ese?

LAURA   ¡Ah! ¿No le conocías? Es Max, lleva un par de semanas. Sylvia pidió una baja por estrés y desapareció de la noche a la mañana. Si estaba tan saturada me lo podía haber dicho directamente. Últimamente creo que le estaba dando demasiado a la botella. El caso es que Max la sustituye hasta que vuelva. Es majo pero un poco aburrido.

ISAAC   Igual deberías relajarte tú también. Tienes que aprender a delegar, tanta presión no es buena. (*Entra* MAX *con el café y el chocolate, pero* ISAAC *no lo ve.*) Y yo no quiero pasarme todo el viaje de novios pendiente de a cuánto está la acción.

     (LAURA *le hace señas a* ISAAC *para que se calle.* MAX *deja en la mesa el chocolate y ofrece directamente el café a* ISAAC.)

LAURA   ¡Gracias por el chocolate, Max!

ISAAC   Ehh... Sí, gracias.

MAX   Si no manda otra cosa, voy a aprovechar para irme a casa.

LAURA   Sí, Max, no te preocupes. Si llama de nuevo Heiss lo mandas a tomar por culo.

MAX   (*Apunta en su tableta.*) ¿A tomar por culo? ¿Son palabras literales?

LAURA   Que no le contestes. Solo coge el teléfono si te llamo yo. ¡Ah! Y descansa. Eso sí que puedes tomarlo de forma literal.

MAX   Gracias. Buenas noches.

(MAX *se va.*)

LAURA   Es eficiente, pero no sabe lo que es el sarcasmo.

ISAAC   ¿Por qué ese secretismo? ¿Tu asistente personal no sabe que te casas en una semana en las Bahamas con un millonario hipocondriaco y judío?

LAURA   ¿Viene también Woody Allen?

ISAAC   Me faltó decir: irresistiblemente atractivo.

LAURA   ¿Y desde cuándo eres millonario? Y no, no le he dicho el motivo del viaje, no se lo quería decir, es un tema personal. No quiero que la gente hable.

ISAAC   ¿Y qué si la gente habla?

LAURA   Da igual. No lo vas a entender.

ISAAC   ¿Por qué no lo voy a entender? También tengo una empresa.

LAURA   Pero eres hombre. Y no estás acostumbrado a que la gente te juzgue por otra cosa que no sea tu trabajo. Puedes despedir a un millón de empleados que será solo negocios. Yo despido a uno y ha sido la regla. Cuanta menos información tengan sobre mí, mejor.

ISAAC   De acuerdo, tú ganas. Oye, sigue en pie la cita con la ginecóloga, ¿no?

LAURA   ¿Seguro que quieres acompañarme?

ISAAC   ¡Claro que sí! Este camino lo hemos decidido los dos. No voy a dejarte sola, señorita «no necesito a nadie».

        (*Él la abraza. Ella se deja.*)

LAURA   Me da miedo.

ISAAC   Y a mí. Pero te has enfrentado a cosas peores, como la OPA hostil del año pasado.

LAURA   Es diferente.

ISAAC   Sí, es diferente porque no vas a hacerlo sola, ¿de acuerdo? Yo voy a estar contigo, vigilando que no tomes el sol, que no haya moho en el queso, que el marisco no esté crudo...

LAURA   La que me espera...

ISAAC   Solo vamos a tener un hijo...

LAURA   ... o una hija...

ISAAC   ... o una hija... Hasta los malos tienen hijos. Y los quieren y todo. Piensa que no es como enfrentarte a un accionista cabreado, o a un sindicalista en huelga, o al abogado de tu ex.

LAURA   O a mi ex *community manager.* Esa gente tiene demasiado poder.

ISAAC   Nuestra empresa se llama familia, y todos seremos un equipo. Vas a ser la mejor madre del mundo.

LAURA   Pero seré el CEO de la familia, ¿verdad?

ISAAC   (*Riendo.*) Oh, no...

LAURA   Al fin y al cabo yo tengo más experiencia que tú en matrimonios. Pero no te preocupes, tenía pensado nombrarte director general de pañales.

ISAAC Laura Miller: no te vas a escaquear de los pañales.

(*Suena el teléfono de* LAURA.)

LAURA ¿Max? Sí, íbamos a salir ahora. ¿Qué? No me lo puedo creer... ¿Ahora? Ahora no, hombre, ahora no... No estoy para escenitas... No, no te preocupes, yo me encargo. ¿Dónde está? Me va a oír el muy imbécil.

(*Cuelga.*)

ISAAC ¿Qué pasa? Y solo te permito que me contestes: «nada, cariño, vámonos al aeropuerto que no puedo esperar a que nos casemos debajo de un cocotero».

(LAURA *comienza a moverse, frenética, buscando algo entre los papeles del archivador que, finalmente no encontrará, por lo que decidirá coger el archivador entero.*)

LAURA Ese idiota de Heiss ha llamado diciendo que quiere verme ahora. Que necesita decirme algo importantísimo que me hará cambiar de opinión con lo de los recortes. Me está esperando en la decimotercera.

ISAAC ¿Y por qué no sube hasta aquí?

LAURA Allí está la sala de reuniones de la junta.

ISAAC   ¿Tenéis que bajar diez plantas cada vez que os queréis reunir?

LAURA   Si es con la junta, sí. Ellos tienen prohibido el acceso a esta planta. Aquí tengo mi baño privado. Y Heiss tiene el colon irritable, es mejor no arriesgar. ¡No me mires así! Podría ser peor, con los proveedores nos reunimos en la decimoprimera.

ISAAC   ¿Y por qué no en la decimotercera?

LAURA   Uy, no. En la decimotercera están los baños reservados para los miembros de la junta. Cariño, entiéndelo: no puedo irme sin darle un buen tirón de orejas. Parecería débil. O peor: insensible. ¡O peor! Parecería mi padre. Y tenemos tiempo de sobra para coger el avión. Es mío, no va a salir sin mi permiso.

ISAAC   No sé qué hay de malo en parecerse a tu padre. Eres lo que eres gracias a lo que él te dejó, incluido el avión privado. Y, además, sabes que me pongo muy nervioso antes de subir a un avión, cuanto más tardemos…

LAURA   Isaac…

ISAAC   Vale, vale… me rindo. Baja ya pero como en media hora no estemos saliendo, nos vamos a las Bahamas en tren. (LAURA *se ríe, él se acerca*.) Sí, ríete… pero que sepas que el estrés materno durante el embarazo puede afectar el desarrollo fetal e infantil, así como los resultados del nacimiento.

(LAURA *lo besa.*)

LAURA   Tienes razón. Lo soluciono y nos vamos. Tenemos una boda secreta que celebrar.

(Se miran un instante. LAURA *se va.* ISAAC *se sienta en la butaca, pensativo. La imagen de una playa paradisíaca en las Bahamas se abre camino en su mente al mismo tiempo que en la escena: luces cálidas, música caribeña… Saca unas gafas de sol y se las pone. Se ve ahí, debajo de un cocotero… Se siente la persona más afortunada del mundo. Se levanta y coge el globo terráqueo, que es tan ligero que puede jugar con él y moverlo por el aire al son de la música, como si fuese Charlie Chaplin en la película* El gran dictador. *Está tan ensimismado que no advierte el regreso de* MAX.*)*

MAX   Señor Navarro…

*((*ISAAC *se pega un susto de muerte. Quizás el globo terráqueo explota. El despacho recupera su iluminación natural.)*

ISAAC   ¡Max! Joder, qué susto… Laura acaba de salir, si bajas por las escaleras seguro que llegas antes que ella… Oye, estaba pensando… ¿qué pasa si a Laura le da un apretón mientras se reúne con los proveedores? ¿Tiene que subir doce plantas para cagar?

MAX   Debemos hablar, señor Navarro, es muy importante.

ISAAC   Ya sé que tienen que hablar. Venga vayan a hablar, pero rapidito. Espera… ¿te manda Laura a que vengas a darme más explicaciones?

MAX   Debemos hablar nosotros.

ISAAC   Vosotros, sí; no voy a hablar yo, solo faltaría. No te preocupes que no me siento mal, ni excluido, ni nada por el estilo.

MAX   No, lo entiende. No-so-tros (*Hace un gesto con la mano.* ISAAC *mira hacia atrás.*) Usted y yo.

(*Un momento de incredulidad.*)

ISAAC   Espera… ya lo entiendo… te ha mandado para decirme que la reunión se va a alargar. Muy propio de ella. Mandar al mensajero. Pues ahora mismo bajo y me la llevo al aeropuerto.

MAX   Me temo que van a perder ese vuelo.

ISAAC   ¿Qué? Pero si el avión es suyo.

MAX   (*Confundido.*) Sí, lo sé… era una forma de hablar. Verá, hay un imprevisto…

ISAAC   No me digas que tiene una avería, porque en-
           tonces ya no hay manera de que yo suba a ese
           avión me digáis lo que me digáis. Voy a lla-
           marla. (*Saca el teléfono para llamar a* LAURA,
           pero MAX *se lo quita con mucha elegancia, lo
           deja en el suelo y, desatando de un segundo a
           otro una rabia hasta entonces desconocida, sal-
           ta repetidas veces sobre él.*) ¿Qué?

           (MAX *recoge los pedacitos del suelo, y con la
           mano hace un gesto de vuelta a la calma. De-
           vuelve el móvil, o lo que queda de el, a* ISAAC.)

MAX   Debe perdonarme esta gestión tan deficiente
           de mi ira. Créame, aunque no lo parezca yo
           estoy sufriendo más que usted, (ISAAC *le dedi-
           ca una mirada de incredulidad.*) por eso voy a
           terapia una vez al mes. Pero no tengo mucho
           tiempo y necesito que me escuche.

ISAAC   ¡Era de última generación! Y no estaba asegu-
           rado. Mira que me lo ofreció la chica de la tien-
           da. Me dijo: nunca pasa nada hasta que pasa.
           Pero ¿quién contrata el seguro del móvil? Si
           al menos me hubiera dado tiempo a poner un
           protector… (MAX *le aprieta el hombro e* ISAAC
           *se desploma como si no tuviera control de su
           cuerpo.* MAX *lo agarra por debajo de los hombros
           para que no se caiga. Con el cuello caído, forzan-
           do el tono de voz, asustado.*) ¿Qué ha pasado?
           Un ictus… No, no es neurológico. ¡Un trom-
           bo! No siento las piernas ¡Llama a una ambu-
           lancia! Las primeras horas son vitales.

(MAX *le tapa la boca.*)

MAX   Perdone, pero no me ha dejado otra opción. La señorita Miller va a subir en cualquier momento, en cuanto se canse de esperar. Sí, he mentido, nadie de la junta ha venido. Necesitaba hablar con usted a solas. ¿Me va a escuchar? (*Le quita la mano de la boca.*) Eso es, deje que le ayude a andar, volverá a sentir sus piernas poco a poco. (*Se ponen a andar de un lado a otro del despacho.*) No se preocupe, los efectos son temporales y sin secuelas. Verá, señor Navarro. No puedo decirle quién soy ni quién me envía. Primero el derecho... eso es. Digamos que soy un patriota y que usted y yo compartimos una misma causa. Y esa causa es la que me ha traído aquí. Y vuelta, vamos ponga algo de su parte. Bueno, a mí no, a mi organización. Llevamos años vigilando a la señorita Miller y a su familia, y cuando le diga lo que hemos descubierto, anulará su compromiso con ella... (*Suena el teléfono de* MAX, *que suelta a* ISAAC *para poder atenderlo.* ISAAC *se cae de bruces al suelo, incapaz aún de sostenerse.*) ¿Señorita Miller? ¿Cómo? ¿Está segura? ¿Ha mirado en la undécima? Sí, ya sé que esa es solo para proveedores, pero... ¿Y en el cuarto de baño? Es de sobra conocido que el señor Heiss sufre de colon irritable.

(*Mientras habla,* ISAAC *va trepando por la pernera de su pantalón, cada vez más repuesto.*)

ISAAC   ¡Laura! ¡Socorro!

               (MAX *vuelve a dar un toque al hombro de* ISAAC
               y se vuelve a desplomar.)

MAX   ¿Cómo? No, señorita, no estoy en su despa-
               cho. Ya llegué a casa, estoy disfrutando de una
               película de miedo en el sofá. Oiga, ¿por qué
               no espera diez minutos más? Yo mientras lla-
               maré al señor Heiss para ver si le ha pasado
               algo. Sí, no se preocupe. Adiós, adiós (*Cuel-
               ga.*) ¿Otra vez por el suelo? Venga, levante,
               que no tenemos tiempo que perder.

               (*Lo ayuda a levantarse y lo sienta en la butaca.*)

ISAAC   (*Con dificultad, cada vez que habla el cuello se
               le cae, por lo que* MAX *tiene que estar sujetán-
               dolo todo el rato.*) ¿Qué quiere de mí?

MAX   ¿Otra vez? Oiga que le he tocado el hombro,
               no el oído. Quiero que anule su boda con la
               señorita Miller.

ISAAC   Pero… ¿por… qué? Si yo la quiero…

               (MAX *saca unos documentos del interior de su
               chaqueta.*)

MAX   Señor Navarro… Lea.

               (ISAAC *coge los documentos y echa un vistazo en
               una posición muy incómoda encima de la silla.*

A medida que se le pasa el efecto de la pinza en el cuello va incorporándose y colocándose en una posición más cómoda.)

ISAAC   ¿Qué es esto? ¿Un árbol genealógico?

MAX   ¿Qué sabe de la historia familiar de su prometida, señor Navarro?

ISAAC   Lo que todo el mundo. Sé que su abuelo llegó como un inmigrante más después de la guerra en Europa y puso una carnicería.

MAX   Una carnicería especializada en salchichas *Bockwurst...* no sé si ve por dónde voy.

ISAAC   No.

MAX   ¿No ve por dónde voy?

ISAAC   No, digo que no eran salchichas *Bockwurst*, sino salchichas *Bratwurstm.*

MAX   ¿No es lo mismo?

ISAAC   No sé cómo le han dejado trabajar en Salchichas Miller S.L. si no sabe la diferencia entre salchichas *Bratwurstm* y las salchichas *Bockwurst.*

MAX   Le acabo de decir que yo no...

ISAAC   Las *Bratwurstm* se hacen picando carne de cerdo y de res, y están buenísimas con una buena cerveza. Las *Bockwurst* son las salchichas de frankfourt de toda la vida, las que te ponen en un perrito. El abuelo Miller nunca quiso comercializarlas incluso cuando ya contaba con varias fábricas y vendía a todo el país. Decía que no eran salchichas puras. Fue su hijo, el padre de Laura, quien vio una oportunidad de mercado para expandirse internacionalmente. Por eso Salchichas Miller domina el mercado nacional con las *Bratwurstm*, y es líder internacional con las *Bockwurst*. Pero eso sí lo sabía, ¿verdad? (MAX *da a entender que no.*) ¿No?

MAX   (*Con envidia.*) Vale, y usted, ¿cómo sabe tanto?

ISAAC   Tengo una agencia de publicidad. ¿Ha visto la última campaña de Pan Bombo con un presentador de la tele? Es nuestra. Y también el último *jingle* de detergentes Mariel...

MAX   ¿Detergentes Mariel? Ese anuncio lo conozco, cómo era...

           (*Comienza a tatarear el* jingle *pero no le sale la letra.*)

ISAAC   Déjame...

MAX   Que limpie todo hoy.
           No hay nada que temer.
           La prueba del algodón
           la haremos piel con piel.

ISAAC Déjame…
que llame tu atención…
Con mi blanco polar…
Y no tuve que frotar…

ISAAC
/MAX Usando Mariel…

MAX No hay mancha que se resista…
La colada ya está lista…
Es como volver a estrenar.

ISAAC No hay mancha que se resista…
Poliéster, gabardina…
Con muy poca cantidad…

ISAAC
/MAX La mejor forma de ahorrar…

(Hay un momento para que los dos vuelvan a la desconfianza.)

ISAAC A Salchichas Miller le cambiamos la web corporativa hace un año. Toda esta información está en la web, en el apartado «Nuestra historia».

MAX ¡La web! Se me olvidó entrar en la web. Y yo matándome a investigar…. ¿Y por qué no se ocupan de las redes sociales de la empresa?

ISAAC Lo he intentado, pero Laura dice que somos demasiado caros. Obviamente, Laura no quiere vender salchichas toda la vida. Tiene ideas muy innovadoras. Yo siempre le digo que las grandes empresas del futuro no venderán «cosas», venderán ideas. Un producto puede pasar de moda, pero una idea es casi imposible sacarla de la cabeza. Si consigues asociar tu marca a una idea con la que se identifique la gente... ¡Zas! Puedes vender lo que sea.

MAX   Precisamente en estos papeles verá una idea con la que seguramente no se identifique.

ISAAC   (*Presta de nuevo atención a los papeles.*) Mira que eres pesado... A ver, esto son fichas de sus familiares. La madre de Laura fue hija única. El padre tenía un hermano que murió de un infarto en Estados Unidos con cincuenta y tres años mientras preparaba una barbacoa...

(MAX *carraspea.* ISAAC *lo mira con preocupación.*)

MAX   Se ve que tanta salchicha...

ISAAC   (*Prosigue.*) Laura no tiene tíos ni sobrinos. Sobre el abuelo y la abuela Miller... lo que sabe todo el mundo. La carnicería tuvo tanto éxito que pusieron otra, y luego otra, y luego compraron un matadero. Y la primera fábrica... El comienzo del imperio familiar, en definitiva. No veo nada raro.

MAX   Siga leyendo. Ahora llega lo interesante.

ISAAC	A ver... Según esto, los padres de la abuela Miller murieron en un bombardeo y ahí se pierde el rastro. Y el padre del abuelo Miller se caso dos veces y tenía un restaurante. El abuelo es hijo de su segunda esposa. Muy bien, muy interesante. ¿Y qué?
MAX	¿Se ha fijado en el apellido del bisabuelo de Laura?
ISAAC	Pues no, pero será Miller, me imagino.
MAX	«Miller» otra vez.

(ISAAC *revisa de nuevo. Los ojos como platos. Se levanta de un golpe.*)

ISAAC	¿Está de broma?
MAX	No.
ISAAC	Es una casualidad. Existirán más familias con ese apellido.
MAX	Pero no es otra familia. Es *La Familia*.
ISAAC	Pero... si él no tuvo hijos, ¿no?
MAX	No. Pero tenía hermanos. El abuelo Miller era su sobrino.
ISAAC	Espera un momento, a ver si estamos hablando de otra persona. ¿Sobrino de quién?

MAX   Ya sabe de quién.

ISAAC   Pero quiero oírlo.

MAX   De acuerdo. El padre del abuelo Miller era her-
             manastro de…

ISAAC   ¡No! No lo diga.

MAX   (*Imitando un bigote con el dedo, exclamando con
             ironía.*) ¡No lo digo, no lo digo…!

ISAAC   No puede ser. ¡Es una catástrofe! ¿Está usted
             seguro?

MAX   Ahí lo tiene todo. Partidas de nacimiento, bo-
             das, defunciones, análisis genéticos… Mi or-
             ganización lleva vigilando a sus descendien-
             tes desde hace mucho tiempo. Nuestra misión
             es que ese apellido, su sangre, desaparezca de
             la Tierra. Y con él todos sus crímenes.

ISAAC   Pero… ¿Miller?

MAX   Obviamente, cuando terminó la guerra no po-
             día pasearse con su apellido original, así que
             falseó su muerte y escapó a un país donde pu-
             diera esconderse bajo otra identidad. Así es-
             capó de nuestro radar. Y prosperó. Creó un
             imperio de salchichas. Y tuvo un hijo.

ISAAC   ¿Y lo permitieron?

MAX   Ya le he dicho que se nos escapó. Creíamos que había muerto. Por suerte solo tuvo un hijo, que a su vez tuvo una hija...

ISAAC   ... Laura. ¿Ella lo sabe?

MAX   No. En cuanto supimos sus orígenes reales, nos pusimos a vigilarla. Veinticuatro horas. Trescientos sesenta y cinco días al año. No lo sabe.

ISAAC   ¿Nos han estado vigilando?

MAX   A usted indirectamente, claro. Pero ahora no tenemos tiempo para disculpas. Laura puede llegar de un momento a otro. Escúcheme bien...

ISAAC   Un momento, un momento... si usted no trabaja para Salchichas Miller S.L. ¿Para quién trabaja realmente? ¿Quién está detrás de su... organización? ¿Los servicios secretos?

MAX   No trabajamos para un país, señor Navarro, sino para una causa. Mi organización está financiada por gente muy vieja y muy poderosa que no quiere que se repita el pasado.

ISAAC   ¿Y por qué se iba a repetir el pasado?

(*Silencio. Suena un mensaje en el teléfono de* MAX. *Lo mira.*)

MAX	Laura está bajando. No puede verme aquí. Escuche señor Navarro… Isaac… Laura no puede casarse con un judío. ¿Lo entiende? ¿Se imagina el dolor que causaría una noticia así? La comunidad lo odiaría, sería un paria. Y sobre todo, Laura no puede tener un hijo, ni con usted ni con nadie. Su sangre tiene que morir con ella.
ISAAC	¿La quieres matar?
MAX	No, joder, mi psicóloga se sentiría muy decepcionada. Pero no me ponga a prueba. Estamos dispuestos a lo que sea antes que dejar que haya un descendiente. Tiene que romper con ella y convencerla de que aborte. Y no obligatoriamente en ese orden.
ISAAC	¡Que aborte! Pero si en la religión judía está prohibido. ¿Quiere que defienda los intereses de mi religión haciendo algo que va en contra de mi religión?
MAX	Dicho así, suena regular, pero si lo piensa bien es lo que han hecho siempre todas las religiones para sobrevivir. Mira por ejemplo la lapidación. O la inquisición. Las guerras santas. Los terroristas suicidas. Además, usted sabe que ella no quiere tenerlo, le da miedo, prefiere trabajar y centrarse en su negocio.
ISAAC	Estás loco, no me va a creer. ¡Pero si soy yo el que la ha animado a quedarse embarazada!

(MAX *le da un frasco a* ISAAC.)

MAX   Si no consigue convencerla, consiga que beba unas gotas de esto y la naturaleza hará lo demás.

ISAAC   ¿Qué? ¿Sin receta? Pero si automedicarse es peligrosísimo...

MAX   Me voy. Recuerde sus orígenes. Recuerde la historia de sus antepasados. Hoy puede ser un héroe.

ISAAC   Un héroe soltero...

MAX   Estoy seguro que hará lo correcto. Adiós, señor Navarro.

(*Sale* MAX *dejando a* ISAAC *en un estado de total abatimiento. Entra* LAURA *como un torbellino.*)

LAURA   Increíble. Ese miserable, lechuguino... ¡Mejillón relleno! Ese... ¿Te puedes creer que me ha dado plantón? A mí. ¡A mí! Papanatas..., cretino..., ectoplasma... Después me dices que sea más amable y que escuche a los demás. ¿Pero has visto cómo me lo agradecen? Pues se acabaron las buenas maneras y el consultarlo todo para que luego me digan que hago lo que me da la gana. Se acabó el explicar cada cosa que hago. En esta empresa solo mando yo y a quien no le guste, puerta. Darme plantón… ¡A partir de ahora van a saber lo que es una dictadora!

ISAAC   (*Gritando.*) ¡No! (*Silencio. Se miran.*) Digo que no creo que «dictadora» sea una palabra que se ajuste a lo que realmente quieres expresar…

LAURA   Claro que es la palabra. A mi padre nunca nadie lo trato de esa manera. Ni a mi abuelo…

ISAAC   Ni al tío de tu abuelo…

LAURA   ¿Y por qué? Porque no lo hubiese consentido. Porque le tenían miedo. El miedo… Al final la gente solo te respeta si te tienen miedo.

ISAAC   Sí, de eso sabéis mucho en vuestra familia…

LAURA   ¿Pero qué te pasa? Estás lívido, parece que hubieras visto a un fantasma.

ISAAC   No te creas, no te creas…
LAURA   ¿Otra vez una lipotimia? Ya te dijo el médico que estás perfecto, que todo lo tienes en la mente.

ISAAC   Laura, ¿tú crees que heredamos lo malo de nuestros antepasados?

LAURA   ¡Lo sabía! Estás pensando que tienes cáncer porque tu abuela y tu tía tuvieron cáncer. Por eso estás así de raro… Estás somatizando, cariño.

(ISAAC *arrastra a* LAURA *al sofá, aunque quizás, a partir de ahora él se levanta y se sienta según discurra la conversación.*)

ISAAC   Laura, escúchame. Quiero… jugar a un juego. ¿Conoces el «si yo fuera»?

LAURA   Uhhhhhh… qué raro estás. A ver si tienes fiebre de verdad. (*Le toca la frente.*) ¿Y el avión?

ISAAC   ¡Olvida el viaje por un momento! ¿Qué es lo mejor de tener un avión?

LAURA   ¿Que puedes reclinarte lo que quieras sin que te den patadas en la espalda?

ISAAC   No, llegar tarde a tu vuelo y que el avión te espere. Laura… necesito preguntarte… (*Pausa dramática.*) si fueras un animal, ¿cuál serías?

LAURA   ¿Un animal? Déjame pensar…

ISAAC   Se trata de responder sin pensar, lo que te diga tu inconsciente…

LAURA   ¡Un águila! (ISAAC *se desploma hacia atrás. No en sentido literal.*) ¿No es la respuesta correcta?

ISAAC   ¿Por qué un águila?

LAURA   No sé, me ha venido a la cabeza el logo de Salchichas Miller: un águila sosteniendo una salchicha con las garras.

ISAAC Recuérdame que cuando hagamos el *rebranding* cambiemos ese águila por un animal un poco menos agresivo. ¿Qué te parece un loro?

LAURA (*Extrañada.*) ¿Un loro? ¿Y por qué un loro?

ISAAC Vale, pues un canario. No sabía que fueses tan exigente con las aves. Juguemos a otro juego. Imagina que tenemos un hijo varón. ¿Qué nombre le pondrías?

LAURA ¿Ya estás pensando en el nombre?

ISAAC No es eso... bueno, sí... He pensado cinco nombres y quiero que me digas cuál te gusta más...

LAURA De acuerdo.

ISAAC Atenta: José..., Francisco..., Adolfo..., Benito... y Winston.

LAURA ¿Winston? Si suena a cigarrillos...

ISAAC O a democracia...

LAURA Me gusta Adolfo.

ISAAC Vaya por dios.

LAURA Aunque Benito me parece también muy sonoro... Benito... pero Adolfo es más rotundo... ¡Adolfo Miller!

ISAAC   … Navarro Miller.

            (ISAAC *se desplaza al otro extremo de la habita-*
            ción. LAURA *aprovecha para sacar el móvil y tra-*
            bajar.)

LAURA   ¿Qué te pasa? ¿Qué he dicho? Pensaba que
            era un juego… Si es por lo de Winston, lo sien-
            to, pero me da un mono que te cagas.

ISAAC   Imagina que supieses algo de mí… no de mí,
            de mi familia… Tú sabes que soy judío, y sea
            o no religioso, la tradición es muy importante.

LAURA   (*En modo automático, mientras revisa el co-*
            rreo en el móvil.) Pero si no has pisado una
            sinagoga en tu vida. Y tu padre es más ateo
            que yo.

ISAAC   Es verdad, pero siempre me he sentido judío.
            No por lo que yo haga o deje de hacer, sino
            por mis orígenes, ¿entiendes? Es mi raíz.

LAURA   (*Levanta la cabeza.*) Es una etiqueta.

            (*Vuelve a lo suyo.*)

ISAAC   De acuerdo, una etiqueta. Pero no me nega-
            rás que somos lo que somos en parte por lo
            que recibimos al nacer. El color de los ojos.
            La forma de la nariz. La manera de andar, de
            expresarse… A mí siempre me han dicho que
            tengo el carácter de mi abuelo, que a su vez

lo sacaría de su abuelo, y así sucesivamente. Contamos las historias que nos cuentan. Opinamos como lo que escuchamos. Pensamos como nos pensaron. Queremos como nos quieren. Somos lo que fueron. De alguna forma es así, aunque no nos guste. Porque un ladrón será un ladrón para todos menos para su hijo. Y un asesino siempre recibirá la incomprensión de todos excepto de su madre. En una familia no hay leyes, no hay dogmas morales, solo hay reconocimiento y aceptación. Es el núcleo básico, la unidad mínima, lo que reconocerás en tu rostro cuando nos hagamos mayores y no reconozcamos lo que nos rodea. Y cuando dos personas se encuentran, se produce... un cruce de vías. Dos familias convergen en un mismo camino o, por el contrario, chocan furiosamente porque su herencia es totalmente opuesta. Lo que quiero decir, Laura, es que... tú y yo... no es fácil decir esto... ¿qué palabra podría usar?

LAURA   ¡Lo encontré! ¡Jódete!

ISAAC   Laura, al menos un respeto...

LAURA   ¡El Plan de Crisis! Jódete, Carlos, jó-de-te. He encontrado el mail en el que me lo mandó hace años. Lo tenía en la carpeta «Papelera». Perdona, me siento genial sabiendo que escucharte te hace sentir genial pero, aunque eres lo más importante para mí, tengo una crisis reputacional que resolver.

ISAAC   Entonces no soy lo más importante para ti.

LAURA   Sí, cariño, sí lo eres.

ISAAC   No, es más importante la crisis. Lo acabas de
                 decir.

LAURA   No, no es eso lo que he dicho.

ISAAC   Sí, sí que lo has dicho.

LAURA   Bien, pues entonces me alegra que estemos de
                 acuerdo.

ISAAC   ¿De acuerdo en qué?

LAURA   Estamos de acuerdo en que no estamos de
                 acuerdo. Y después de solucionar, en primer
                 lugar, este mini conflicto de pareja, voy a aten-
                 der asuntos menos importantes, como este
                 mensaje de @natiaz en twitter: «Si un alien lle-
                 gara a la Tierra y exigiera comerse a una per-
                 sona, lo mandaría directamente al despacho de
                 Laura Miller con una red». Puede que lo diga
                 porque sabe que hacemos las mejores salchi-
                 chas de la galaxia, ¿no?

ISAAC   (*Se interesa y se acerca a ver los mensajes.*) No
                 lo creo...

LAURA   A ver este de @zenodoto: «Laura Miller ne-
                 cesita ser golpeada por un autobús lo antes

posible». Qué grosero…. A veces pienso que
la libertad de expresión está sobrevalorada.

ISAAC   (*Se masajea la cabeza.*) No profundices mucho en ese pensamiento por si acaso. ¿Tienes
una aspirina?

LAURA   Hay un bote en un bolsillo de mi maleta. (ISAAC
busca el bote.) Pues creo que algún límite tiene que existir, ¿no? (ISAAC *encuentra el bote,
saca una y se la toma, pero antes de tragar busca la caducidad.*) Cariño, están caducadas. Las
compró Max el otro día. (ISAAC *escupe la aspirina inmediatamente.* LAURA *no se da cuenta.*)
@bensonseñora: «Odio a Laura Miller. La odio.
Puto perro». ¿De verdad piensas que esto se
puede permitir?

ISAAC   (*Aún con escalofríos, tira el bote de aspirinas a
la basura.*) Depende si se refiere a ti o es que
su perro se llama igual que tú.

LAURA   A mí no me parece gracioso. El humor no lo
puede justificar todo. Hay límites. ¿Te imaginas
que alguien hiciera chistes sobre el nazismo?
En twitter, en la tele, en una obra de teatro…
(*Pausa.* LAURA *e* ISAAC *miran al público durante un segundo, muy serios. Luego continúan.*)
¿No te sentaría mal?

ISAAC   Depende. Creo que alguien dijo una vez que
la comedia es tragedia más tiempo. El humor

nos ayuda a poner la distancia suficiente para volver a mirar hacia ciertos sitios incómodos con más objetividad. Y aunque no fuera así, aunque me ofenda, aunque no haga gracia, prefiero aceptar lo políticamente incorrecto a vivir en una sociedad de ofendiditos.

(Mientras habla, con mucho cuidado, le quita a LAURA *el móvil de las manos.)*

LAURA   ¿Quién se ofende? A mí esta panda de anarquistas no tiene capacidad para ofenderme.

(Se repantiga en el sofá.)

ISAAC   *(Dando un voto de confianza, lee.)* @yutopias: «Si lo dije una vez lo diré cien veces más: vete a la mierda, Laura Miller».

*(*LAURA *se levanta de un salto y, perdiendo los nervios, grita directamente al móvil.)*

LAURA   ¡A la mierda te vas a ir tú! ¡Analfabeta diplomada! ¡Zopenca! ¡Mujer del cromañón! ¡Vegetariana!

ISAAC   Me encanta lo bien que estás llevando las críticas, cariño.

LAURA   *(Intenta calmarse.)* Odio a los vegetarianos, son tan... *(Hace un gesto de repelús.)* ¿No hay ninguno positivo?

ISAAC   @jtj54 dice: «Les deseo a todos una buena semana... menos a ti, Laura Miller». No, no hay...

LAURA   ¿Estos mensajes son reales? ¿De verdad hay gente que pierde el tiempo escribiendo estas tonterías?

ISAAC   Me temo que sí.

LAURA   Pues se acabó. Voy a abrir ahora el mismo el dichoso Plan de Crisis y voy a contraatacar con toda la fuerza de los Miller.

ISAAC   Que el mundo se prepare.

LAURA   (*Lee.*) «Plan de Crisis para Salchichas Miller, preparado por blablablá. Este documento establece las pautas para salir de una crisis de comunicación en redes sociales blablablá... ¡Primer paso! Identificar el problema y blablablá...» El problema es que me están poniendo a parir por despedir solo a quinientos trabajadores. ¡Una injusticia! «Segundo paso: la empresa debe atajar inmediatamente el clima de opinión negativa subiendo un vídeo de su portavoz en el que explique, de manera amable, empática y serena, nuestra visión del problema, intentando que no se perciba como un problema». Ajá. Nuestro portavoz es Martínez. Voy a llamarlo. Anda no, espera, que lo despedí también. Bueno, pues lo hago yo, que no es tan difícil. Cariño, ¿me grabas?

(ISAAC *coge el móvil de* LAURA.)

ISAAC   Tengo el brazo un poco dormido, pero bueno. Espero que no sea un trombo. Debería llamar a mi fisio. Oye, luego tenemos que terminar nuestra conversación. Es importante que te diga... ¿Laura?

(LAURA *está concentrada buscando la mejor posición para el vídeo: de pie al lado del escritorio, sentada encima de la mesa de forma informal, en la silla con gesto adusto, con papeles en la mano, con el pelo recogido... Al final toma la decisión menos natural.*)

LAURA   Venga, estoy preparada.

ISAAC   Me pone que no tienes espacio en el móvil...

LAURA   Vaya por dios. ¡Préstame el tuyo!

ISAAC   Es que el mío... se me ha caído... ruina total.

LAURA   ¿No era casi nuevo? Espero que te hicieras el seguro, yo siempre lo hago... Nunca pasa nada hasta que pasa. Bueno, pues haz un *streaming* en directo. Así a pelo.

ISAAC   ¿Estás segura? Si no te has preparado nada...

LAURA   No necesito prepararme una mierda, conozco mi empresa y sé cómo hablar de forma «empática, amable y serena» a esos paletos.

ISAAC   (*Con sorna.*) Ya veo, ya…

LAURA   ¡Ah! ¿Que no me crees?

ISAAC   A ver, sin ánimo de… es que tú muy diplomática, lo que se dice diplomática, no eres…

LAURA   (*Sin alterarse, muy cariñosa.* ISAAC *la escucha embobado.*) Tienes razón, cariño. Pero quiero intentarlo. Quiero ser mejor persona, aprender de mis errores. Aprender de ti. Tengo tanto que aprender de ti. Por eso quiero aprovechar, ahora que me estás ayudando tanto, para disculparme por algo en lo que tú creas que deba disculparme. Y decirte que voy a mejorar. Contigo. A tu lado. Juntos. Y que lo más importante para mí es la calidad en todo lo que hagamos.

(*Silencio.*)

ISAAC   Estabas ensayando, ¿verdad?

LAURA   ¿Puedo ser diplomática o no puedo ser diplomática? Venga, dale caña y luego a las Bahamas. ¡Qué nos vamos a casar, mi amor!

ISAAC   (*Suspira.*) Pues venga, en el aire en cinco, cuatro, tres, dos, uno… (*En medio de la cuenta atrás,* LAURA *bebe el vasito de chocolate que le había dejado* MAX. *Cuando lo retira de la boca, vemos que se le ha quedado un pequeño «bigote» de chocolate entre la nariz y el filtro del labio.* ISAAC *no se da cuenta hasta que dice....) ¡Estás en directo!*

(Y reprime un grito y con ojos de espanto, sigue sujetando el móvil mientras LAURA, *en su versión más dulce, habla a la audiencia sin saber que tiene un bigote «cepillo de dientes» de chocolate en la cara.)*

LAURA   *(Muy sonriente.)* Queridos amigos. Soy Laura Miller, presidenta y nieta del fundador de Salchichas Miller, una empresa que siempre ha tenido como garantía la calidad de sus productos y el compromiso con sus empleados, clientes, proveedores y consumidores. Por eso, y ante el revuelo que se ha generado por los movimientos de modernización de la empresa, quiero lanzar un mensaje de tranquilidad. Pero antes, quiero agradecer el cariño que me han mostrado todas esas personas que nos han escrito a través de redes sociales. De verdad, que la vida os devuelva esas mismas palabras, ese mismo cariño, pero el mismo, multiplicado por mil. Y ahora sí, vamos con ese mensaje sobre los planes de futuro de la empresa, no sin antes hacer un obligado minuto de silencio y respeto por mis antecesores en el cargo, mi padre y mi abuelo, que tanto me enseñaron y gracias a los cuales estoy hoy aquí.

*(*LAURA *comienza un minuto de silencio, muy emocionada. Entra* MAX *precipitadamente.)*

MAX   (*A* ISAAC, *susurrando.*) ¿Qué haces? ¿Esta es la manera que tienes de dejarla?

(LAURA *rompe el minuto de silencio al ver a* MAX. *Levanta el brazo, con la palma muy extendida, a modo de saludo, y aguanta bastante tiempo así.* ISAAC *y* MAX *intentan por señas que baje el brazo.*)

LAURA   Hola Max. Estoy aquí, con todos nuestros seguidores, dando un ejemplo de transparencia y cercanía, para que vean que no soy tan mala. ¿Quieres aparecer? Max es un trabajador altamente cualificado de nuestra empresa que os puede decir el grado de compromiso que tenemos con nuestros empleados. ¡Vamos, Max, no te hagas de rogar! (MAX *entra, muy tímido, en el plano de* streaming.) A ver, Max, puedes hablar con libertad, ya lo sabes. ¿Qué puedes decir sobre mí? ¿Cómo soy como jefa?

MAX   Pues…

LAURA   Venga, Max, puedes repetir lo que me dijiste el otro día (MAX *no sabe de qué le habla.*) Sí, eso de que nunca habías trabajado en un entorno laboral tan agradable, ¿verdad?

MAX   Verdad, verdad.

LAURA   Y con una jefa tan comprensiva, ¿verdad?

MAX   ¿Verdad?

LAURA   Gracias Max, eres un cielo (*Empuja a* MAX *fuera de plano.*) Bueno, ya, para terminar, daros ese esperado mensaje sobre el futuro de la empresa y sobre esos pocos cientos de trabajadores que quizás tengan que dejar de pertenecer a esta gran familia. Pero antes, una exclusiva. ¡Me voy a casar en los próximos días! ¡Y en las Bahamas! Sí, con mi pareja Isaac, que es el que está sosteniendo el móvil. ¡Saluda Isaac! (LAURA *le obliga a dar la vuelta al móvil e* ISAAC, *totalmente en shock, saluda de forma mecánica.* MAX *se hunde en el sofá con las manos sujetandose la cabeza.*) Bueno, ya, no te pases, (*El móvil vuelve a enfocar a* LAURA.) es que le encanta acaparar la atención. Isaac es judío. No de esos practicantes que siempre están a punto de resbalar con sus patillas, más bien de los que les encantan nuestras salchichas de cerdo. Eso sí, muy apegado a las tradiciones de su cultura. Por cierto, en Salchichas Miller también tenemos una política integradora con las minorías. Por eso tenemos personas de todas las razas en nuestros mataderos: judíos, árabes, gitanos… Y lamentablemente, ya no nos queda más tiempo. Solo pediros que, si viajáis en coche, os pongáis el cinturón. Porque llegar es lo más importante. (LAURA *termina el directo con una sonrisa muy amplia que mantiene mientras que con la mano le pide a* ISAAC *que corte la conexión.* ISAAC *hace caso, agotado, y se tumba en el suelo. Se hace el silencio. La única que parece satisfecha es* LAURA.) ¿Y bien? ¿Cómo lo habéis visto?

ISAAC   Pues si con esto querías que ya no se hablara de los despidos, yo creo que lo has conseguido. De los despidos ya, la gente, como que no... Ahora, de otras cosas...

LAURA   Como de nuestra boda, ¿no? Pensarás que lo hice por distraer la atención. Pero lo he hecho porque tenías razón. No debí ocultarlo.

ISAAC   Laura...

LAURA   No, escúchame un momento. Eso que me dijiste de los trenes que se juntan cuando conoces a alguien. Tienes razón, no puedo dejarte a un lado, como si no existieras, como si mi tren fuese el único de la vía. Te quiero.

         (ISAAC *está emocionado. Se levanta y se acerca a* LAURA.)

ISAAC   Laura, es más complicado que eso... tu abuelo...

LAURA   Mi abuelo era mi abuelo. Sí, me dio unos genes, un apellido, una empresa y un montón de millones en mi cuenta corriente. Y tenía unas ideas muy raras sobre las salchichas *Bockwurst*. Pero nada de eso condicionó a mi padre, y nada de lo que fuera mi padre y mi abuelo me tiene que condicionar a mí. Ni sus aciertos ni sus errores. Les agradeceré siempre estar aquí por ellos, pero ellos no están aquí. Mi familia está por vivir. Y si me tienen que recordar por algo, quiero que sea por lo que haya creado, no por lo que me hayan dado. Tú siempre me recuerdas que lo importante no es el producto, sino la idea. Podemos ser la idea que queramos, y eso es lo único que importa.

(ISAAC y MAX *están emocionados.*)

ISAAC   Seamos la mejor idea posible, Laura Miller.

(*Se besan.* MAX *explota.*)

MAX   ¡Ya está bien! (*Saca una pistola y les apunta.*) Esto ha ido demasiado lejos.

LAURA   ¿Qué significa esto, Max? Baja esa pistola, in-mediatamente.

MAX   No me vuelva a dar órdenes, ya no es necesa-rio seguir fingiendo. Y por favor, límpiese la cara. Si sigo viendo ese bigote…

LAURA   (*A* ISAAC.) ¡Qué! Pero si me hice la cera ayer…

ISAAC   No, cariño, es que tienes un poquito de cho-colate…

LAURA   ¿Dónde? (*Se intenta limpiar.*) ¿Ya?

ISAAC   (*Saca un pañuelo.*) No, no… espera…

(*Con mucha delicadeza y tranquilidad limpia a* LAURA, *que pone morritos para ayudarle.* MAX *se incomoda, no sabe dónde meterse.*)

LAURA   (*Mientras la limpian.*) ¿Pero se me veía el chocolate mientras hacía el *streaming*?

ISAAC   No, para nada, estabas guapísima.

LAURA   No me gustaría haber hecho el ridículo.

ISAAC   ¡Qué va! Igualmente, no mires twitter en unos cuantos meses, para desconectar un poco.

LAURA   Qué bonito eres, siempre pensando en mí...

(ISAAC *termina de limpiar la boca de* LAURA.)

MAX   Ejem... ¿Se acuerdan de mí? Soy el de la pistola.

LAURA   Ah, sí, Max. ¿Te crees que no sé lo que está pasando?

MAX   ¿Cómo? ¿Lo sabe?

LAURA   Pues claro. Te he estado vigilando estas semanas. Esperaba que no fueses tan estúpido como para descubrirte, pero supongo que no has podido resistirte.

ISAAC   Laura, me dejas alucinado. Entonces... ¡lo sabes todo!

LAURA	Por supuesto. Max no solo es un asistente personal... además está enamorado de mí (*Resignación en la cara de* MAX *e* ISAAC.) Por eso está montando esta escenita. Es normal, son muchas horas juntos, y soy una ejecutiva poderosamente atractiva. Es normal, Max, pero tienes que olvidarme. Por eso te voy a despedir, por tu bien... Eso sí, cumpliendo los quince días de compromiso, que me voy a Bahamas y necesito que alguien esté aquí para ordenar todo esto.
MAX	¡Cállate! ¿Qué parte de no trabajo para ti no entiendes? Además, no tengo que darte ni un puto día porque me contrataste como falso autónomo. ¡Explotadora!
ISAAC	Ahí lleva razón.

(MAX *apunta a* ISAAC.)

MAX	Saca el frasco. ¡Vamos!
LAURA	¿Qué frasco? ¿Qué está pasando, Isaac?

(ISAAC, *saca el frasco.*)

MAX	(*A* ISAAC.) Ábrelo y dáselo a Laura. (*A* LAURA.) No se preocupe por el sabor, le puse un poco de fresa, su fruta preferida. (ISAAC *abre el bote y antes de que nadie pueda reaccionar se lo bebe.*) ¿Qué haces, insensato?

LAURA   Ya me podías haber dejado, que tenía fresas.

(MAX *vuelve a encañonarlos*. LAURA *se pone delante de* ISAAC, *para protegerlo*.)

MAX   No me dejan otra opción. Ahora tendré que matarlos. A los dos. Lo he intentado de todas las formas posibles, créanme que el que más sufre con esta decisión soy yo.

ISAAC   Es verdad, nosotros solo nos morimos, no hay comparación.

LAURA   Max, no cometas un error. Te prometo que te haré un contrato indefinido. ¡Pero baja el arma, cojones!

MAX   Sé que no me entienden. No es personal. Lo hago por un bien mayor. Para que la historia no se repita.

ISAAC   Si nos matas, la historia será exactamente la de siempre.

LAURA   ¡No lo hagas! Hay algo que no sabes… ¡estoy embarazada!

ISAAC   Eso, tú encima provócalo.

MAX   (*A punto de disparar*.) Aquí se acaba la herencia de los Miller… (*Se prepara para disparar. De pronto, su móvil comienza a sonar*. MAX *mira la pantalla.*) ¿Me permiten que responda? Es mi psicóloga. Le digo que estoy ocupado y enseguida retomamos.

LAURA   Tú no te preocupes. Lo que haga falta. En Salchichas Miller nos preocupamos de la salud de nuestros empleados.

(MAX *coge la llamada.*)

MAX   (*Al teléfono.*) ¿Sí? ¿Cómo? Pues me pillas un poco mal. Sí, de energías también. No sé, me siento triste. Como con ganas de matar a alguien y suicidarme después. Sí, me lo tomaré con calma. ¡Ah! (*A* ISAAC *y* LAURA.) Me llamaba para confirmar la cita de mañana. (*A la psicóloga.*) ¿A qué hora era? (*A* ISAAC *y* LAURA.) De verdad, si en el futuro necesitáis sanar algo o gestionar mejor algún problema, os la recomiendo, es un encanto.

ISAAC   Pregúntale si me ayudaría a gestionar el problema de querer vivir estando muerto.

MAX   (*A la psicóloga.*) Venga, a esa hora. Perfecto. Sí, y llevaré la redacción. Voy por la mitad, es que el trabajo me ha tenido muy ocupado. Sí, otra vez por culpa de la jefa, esa explotadora. Una fascista. Hasta chocolate me hacía traer. No, no me he atrevido a decirle nada, ya sabe lo que me cuesta enfrentarme a los conflictos. Ya le contaré mañana, que ahora estoy con unos amigos (*Sonríe a* LAURA *e* ISAAC.) Pues hasta mañana (*Escucha algo que le cambia la cara.*) ¿Cómo? No me lo dirá en serio. Es que justo ahora... Sí, ya sé que las reglas al respeto, son inflexibles. No claro, cómo vas a ir a alcohólicos anónimos después de ir al bar, no tendría sentido. Vale, vale. Namasté. Adiós, adiós (*Cuelga. Se hace un silencio.* MAX *guarda el arma.*) Pues ya está.

LAURA   ¿Ya está? ¿Le vas contando a tu psicóloga que soy una explotadora y ya está?

ISAAC   Cariño...

MAX   Mi psicóloga me dijo que para que la terapia funcione tenía que reprimir cualquier brote de ira de nivel cinco al menos cuarenta y ocho horas antes de la sesión. Menos mal que ha llamado.

ISAAC   Porque si no estaríamos muertos.

MAX   Porque si no hubiera tenido que anular la cita. Y es una psicóloga muy cara y con bastante lista de espera.

ISAAC   Entonces...

MAX   Pues nada. Supongo que mi trabajo, mi «otro» trabajo, ha terminado. Señorita Miller, ¿cree que podría seguir en Salchichas Miller un tiempo?

LAURA   Déjame pensar: no.

MAX	Me lo temía. Bueno, mañana tendrá a Sylvia de nuevo. No se preocupe, ella cree que fue la empresa la que le regaló esa estancia de dos semanas en un centro de rehabilitación. Estaba muy contenta cuando se lo ofrecimos.
LAURA	¡Lo sabía! (*A* ISAAC.) ¿No te lo dije?

(*Hace el gesto de empinar el codo.* MAX *hace por irse. Antes de salir,* ISAAC *pregunta.*)

ISAAC	¿Y después de su terapia?
MAX	Creo que esperaré a ver cómo funciona eso de «la mejor idea posible».

(MAX *se va.*)

LAURA	Es inteligente, pero está como una puta cabra. ¿Me puedes explicar qué ha pasado aquí?
ISAAC	(*Nervioso.*) Pues…
LAURA	Un resumen del resumen.
ISAAC	(*Más nervioso.*) Mierda.
LAURA	Hijo, podías resumir un poco menos. Y más bonito.
ISAAC	(*Moviéndose.*) El baño. Necesito ir al baño. No sé lo que tenía ese frasco, pero me estoy descomponiendo vivo.

LAURA   Uf, pues vas a tener que ir a la undécima.

ISAAC   ¡Pero ábreme el tuyo! ¿Me vas a hacer bajar doce pisos? Mira que no aguanto.

LAURA   Anda que a mí no me ha pasado un montón de veces. Lo siento, las reglas son las reglas. No puedo hacer una excepción. La gente diría que tengo favoritismos. (ISAAC *se va corriendo después de echar a* LAURA *una mirada de odio.*) ¡Vuelve pronto! Que tenemos un avión esperándonos. (*Silencio. Se da cuenta de que está sola. Se sienta en la butaca y saca el móvil.*) Ya sé que dije que no iba a trabajar más, pero... entremos en twitter a ver cómo va la crisis... (*Se escuchan un montón de sonidos de notificaciones entrando en el móvil.* LAURA *no da crédito a lo que ve.*) ¿Y esta foto? Se está compartiendo por millones. ¡Ah! El chocolate... y el brazo... Me parezco a... joder, cómo se llama... (*De pronto se acuerda y se levanta de un salto.*) Me parezco a Charlie Chaplin. (LAURA *vuelve a sentarse y gira la butaca, dando la espalda al público.*) ¡Max! Ah, no...

(*Las luces caen, aunque, antes de la oscuridad total, quizás creamos ver que, desde su marco, uno de los antepasados de* LAURA *nos hace un guiño con el ojo. Y así, a esta historia le sobreviene el...*)

Fin.

Esta primera edición de *Inestables / La herencia de los Miller*,
de Carlos Zamarriego, terminó de imprimirse
en mayo de dos mil veinticinco,
en Madrid.